Petrus Ceelen

Du fehlst mir

Petrus Ceelen

Du fehlst mir

Gespräche mit Verstorbenen

kbw bibelwerk

www.bibelwerk.de
ISBN 978-3-460-30244-0

Gestaltung: Finken & Bumiller, Stuttgart
Druck und Bindung: Ludwig Auer GmbH, Donauwörth

Inhalt

Für Martin

Statt eines Vorwortes
Ich möchte mit dir reden

Du, immer noch spreche ich von dir. Und immer wieder rede ich mit dir. Ich klage dir mein Leid und weine mich bei dir aus, ich schimpfe mit dir und bitte dich um Vergebung. Ich erzähle dir von meinem Leben, obwohl du tot bist. Ich weiß, dass du nichts sagst und trotzdem bespreche ich alles mit dir. Ich frage dich um Rat und teile dir meinen Kummer mit. Und immer wieder sage ich dir, wie sehr ich dich vermisse. Ja, du fehlst mir.
An deinem Grab rede ich mit dir oder im Wohnzimmer vor deinem Bild. Du schaust mich an, redest mit mir. An deinem Todestag, an unserem Hochzeitstag, an Weihnachten bist du mir besonders nahe. Manchmal bringt eine Todesanzeige, eine Fernsehsendung, eine Beerdigung mich mit dir ins Gespräch. Meist braucht es keinen besonderen Anlass, um mit dir zu reden. Es geschieht einfach von selbst.
Manchmal sagen mir die Sterne, dass du *drüben* bist. Trotzdem bist du noch überall da, wo auch ich bin. Ich trage dich weiterhin im Herzen. Du, ich weiß, dass ich Vergangenes nicht festhalten kann und dich gehen lassen muss. Aber du bist es, der mich auf dem Weg durch die Trauer begleitet.

Im Nachhinein denke ich, wir hätten mehr miteinander reden sollen. Es tut mir leid, dass ich versäumt habe, dir so manches zu sagen. Aber für ein gutes Wort ist es wohl nie zu spät. Ich möchte mit dir auch über meine Selbstvorwürfe und Schuldgefühle reden, denn sie belasten mich stark. Und ich will auch meine Enttäuschung, Verärgerung und Wut zur Sprache bringen und meine negativen Gefühle aussprechen. Ich möchte nichts verschweigen und ehrlich mit dir über alles reden.

Auch wenn du mir nicht antwortest, bin ich doch gewiss, dass meine Worte bei dir ankommen. Lass mich weiter mit dir reden, denn ich habe dir noch viel zu sagen ...

Mutter, du fehlst mir

Mutter, ich denke oft an dich, obwohl es nun schon fast sechs Jahre her ist, dass du von uns gegangen bist. Und wie! Nach dem Abendbrot sagtest du: „Nun habe ich zum letzten Mal gegessen. Ich werde niemals mehr essen." Zwei Stunden später warst du tot. Von deinen Kindern war niemand mehr bei dir, sonst wärest du vielleicht viel schwerer gestorben.

So wie du möchte ich auch einmal *den Löffel abgeben*. Weil ich weiß, wie lange viele andere leiden und wie schwer der Weg bis zum Tod oft ist, kann ich nur dankbar sein, dass wir dich so lange Jahre in guter Gesundheit bei uns haben durften – fast bis zur Vollendung deines hundertsten Lebensjahres.

Bis zum siebenundneunzigsten Lebensjahr bist du in deiner Wohnung geblieben, hast deinen Haushalt noch selbst geführt und jeden Tag gekocht. Du hast dich noch nicht alt gefühlt. Die Alten, das waren die anderen. „Ach Junge", hast du gesagt, „diese alten Leute." Nach deinem Sturz bist du ins Krankenhaus gekommen und von dort in das Altenheim in deinem Geburtsort. Dort haben dich einige noch von früher gekannt, und manche Jugenderinnerung ist dir dort wieder in den Sinn gekommen.

Deine jüngere Schwester Lisa war auch in dem Altenheim. Aber ein Gespräch mit ihr war kaum noch möglich, denn Lisa war seit einigen Jahren dement. Sie saß oft nur da, ohne ein Wort zu sagen. Und auch ihre Kinder konnten Tante Lisa kaum noch erreichen.

Du aber warst immer noch geistig fit. Dein Hirn war längst noch nicht gestorben. Du konntest noch alle Gebete, die du als Kind einmal gelernt hattest. Sie hatten immer noch ihren Sitz in deinem Herzen. *Par cœur*, auswendig, hast du auch die alten Katechismusfragen beantwortet. Ich habe immer wieder gestaunt, was du noch alles gewusst hast: von der großen Weltpolitik bis zu unserer kleinen Familiengeschichte. Unzählige Anekdoten. Dir ist vieles in Erinnerung geblieben, was ich längst vergessen hatte. Du hast oft gesagt: „Weißt du noch, damals ...?“ Und dann hast du erzählt, wie nur du es konntest. Unglaubliche Geschichten. Immer wieder hast du einzelne Personen nachgemacht. Zum Beispiel, wie unser Onkel Jupp die Suppe ausschlürft.

Und wir haben gelacht, so gelacht, dass wir nicht mehr aufhören konnten. Tränen haben wir gelacht. Manches war aber auch wirklich zum Heulen.

Du hast dich oft über andere lustig gemacht und sogar abfällig über deine Mitmenschen gesprochen. Das hat mir nicht gefallen. Du hast dich für besser als andere gehalten. Du warst ja die „Madame“ Ceelen. Ja, Mutter, du hattest nicht nur gute Seiten. Durch deine direkte Art hast du vielen Menschen sehr weh getan. Und eine Entschuldigung habe ich von dir nie gehört. Doch trotz deiner weniger guten Seiten fällt es mir nicht schwer, dich in guter Erinnerung zu behalten.

Ich bin dein Sohn, ich sage auch, was ich denke. Ein Blatt vor den Mund zu nehmen, habe ich von dir nicht gelernt. Manches muss einfach heraus, auch wenn es mir nachher leid tut.

Meinen guten Appetit habe ich dir auch zu verdanken. Mir schmeckt es immer. Und wenn nicht, dann bin ich krank. Du warst nie krank. Du hast in deinem ganzen Leben keine zehn

Tabletten geschluckt. Jeden Morgen hast du Speck mit Eier gegessen. Deinem Cholesterin hat es nicht geschadet. Du warst eine starke Frau. Du hast dich um die Kranken gekümmert und früher die Toten aus unserer Straße gewaschen. Du hast auch Opa und Oma bis zum Tod gepflegt. Und das mit vier Kindern. Allein schon dafür hast du den Himmel verdient!

Ich trage deine Gene in mir, und du hast mich in dir getragen. Bei der Trauerfeier habe ich gesagt: Ein Teil von mir stirbt mit dir. Ein Teil von dir lebt in mir.

Mutter, ich habe zwar schon einige hundert Trauerreden gehalten, aber an deinem Sarg die richtigen Worte zu finden und dir gerecht zu werden, das war unsäglich schwer. Trotzdem war es mir ein Anliegen, dir bei deinem Begräbnis etwas Persönliches zu sagen. Ich hoffe, es ist bei dir angekommen.

Es ist uns allen schwer gefallen, dich gehen zu lassen, obwohl wir eigentlich dankbar sein sollten, dass du so lange für uns da warst.

Und dennoch denke ich manchmal: Ach, wäre das schön, wenn du noch einmal da wärst! Und wäre es auch nur für einen Tag, nur für eine Stunde! Dann würde ich deine Stimme noch einmal hören. Wir könnten wieder zusammen lachen und noch ein Schnäpschen miteinander trinken. Wie schön das wäre!

Aber ist dieser Wunsch nicht unverschämt? Ja, ich schäme mich schon ein wenig, wenn ich an die Kinder von Tante Lisa denke. Oder an die vielen, vielen anderen, die ihre Mutter schon in jungen Jahren verloren haben.

Ich weiß wohl, dass Sterben ein Teil des Lebens ist. Der Tod gehört zum Leben. Wie oft habe ich das schon gesagt! Wie viele Vorträge habe ich schon zum Thema *Loslassen* gehalten! Und dennoch: Mutter, du fehlst. Du fehlst mir.

Mein Leben hat damit angefangen, dass ich ein Teil von dir war. In deinem Schoß bin ich herangewachsen. Was das bedeutet, ist mir jetzt erst richtig bewusst geworden, als unsere Tochter Anne am Anfang der Schwangerschaft sagte: „Jetzt ist es einen Zentimeter groß.“ So ein winzig kleines Wesen und doch schon alles dran. Wirklich ein Wunder!

Nun ist auch unsere Katrin, dein Patenkind, schwanger, in guter Hoffnung. Wie jede werdende Mutter trägt auch sie die Hoffnung in sich, ein Menschenkind zur Welt zu bringen. Du weißt, wir Flamen sagen von einer schwangeren Frau, dass sie in *blijde verwachting*, in froher Erwartung ist. Du warst damals, als du mich in dir trugst, sicher nicht froh, ein Kind zu erwarten. Es war Krieg.

Ich kann froh sein, dass es in dieser Zeit die Pille noch nicht gab, sonst glaube ich nicht, dass es mich gegeben hätte. Und Abtreibung? „Ach Junge“, höre ich dich sagen, „an so etwas durften wir damals nicht einmal denken.“

Du hattest schon zwei Kinder: Liesbeth und Jan. Dein erstes Kind, Jantje, musstest du 1938 hergeben, als es acht Monate war. Im Krieg hast du dich mit deinem dicken Bauch und deinen zwei Kindern bei jedem Sirenenalarm in den Luftschutzkeller geschleppt. Und auch nach meiner Geburt musstest du nachts noch oft mit mir im Arm die Treppen hinunter und bist mit unseren Nachbarn im Keller gesessen, voller Angst.

Als du mich am 11. Februar 1943 zur Welt brachtest, warst du – erst – 41 Jahre. Drei Jahre später wurde unser Henri geboren.

Das waren noch Zeiten. Ihr seid abends noch bei Kerzenlicht oder bei einer Petroleumlampe zusammengesessen. Ihr wart zu Hause neun Kinder und hattet eine Landwirtschaft. Zu jeder Jahreszeit mussten in aller Frühe die Kühe gemolken werden. Du hast einmal erzählt, wie du mit 12 Jahren eine neue Bluse

bekommen hast als Belohnung dafür, dass du nun eine Kuh melken konntest.
1902 bist du geboren. Wie hat die Welt sich seitdem verändert! Als dein Bruder François bei euch zu Hause selbst ein Radio gebastelt hat, war das in deinem Heimatort *die* Sensation. Und weißt du noch, als mein Schwager Marcel in den fünfziger Jahren ein Tonbandgerät zu uns heimgebracht hat, auf dem wir unsere eigene Stimme hören konnten? Das war für uns ein Weltwunder.
Du hast zwei Weltkriege miterlebt. Dein Bruder Harry ist 1918 in Flandern im Kampf gegen die Deutschen gefallen. Dass ich dann später nach Deutschland, zu den *Moffen* gegangen bin, war für dich ganz bitter. Ja, ich bin so manchen Weg gegangen, den du nicht gut gefunden hast.
Du und Papa habt lernen müssen, was inzwischen auch ich verstehen gelernt habe: Unsere Kinder sind nicht *unsere* Kinder. Sie sind nur eine Zeit lang bei uns zu Gast, um dann ihren eigenen Weg zu gehen.
Besonders schwer war für dich, deinen Sohn Jan für immer gehen zu lassen. Er war erst 23 Jahre, als er als Pilot abstürzte. Es war am 7. Mai 1962, an einem Montag. Du hast sonst jeden Montag die Wäsche mit der Hand gewaschen, aber an diesem Tag ging es dir nicht gut. Du bist im Sessel gesessen und hast gefühlt, dass etwas ganz Schlimmes geschehen wird. Und als dann nachmittags bei uns geklingelt wurde und du die beiden Uniformierten vor der Tür stehen sahst, hast du gleich Bescheid gewusst. „Ihr braucht mir nichts zu sagen. Unser Jan ist verunglückt." Das waren deine Worte.
Deine Vorahnung hatte dich nicht getäuscht. Leider. Nun hattest du dein zweites Kind, wieder einen Jan, verloren. Du hast diesen Verlust sicher sehr viel schmerzlicher erlebt als ich.

Ich war damals 19. Es hat lange gedauert, bis ich verstanden habe, dass unser großer Bruder für immer von uns gegangen ist und er nie mehr zurückkommt. Du weißt ja auch noch, Jan kam jeden Samstag zu uns. Und jedes Mal, wenn ich samstags die Tür im Wohnzimmer aufgehen sah, dachte ich, jetzt kommt unser Jan herein. Viele Monate lang habe ich ihn immer noch durch die Türe hereinkommen sehen.

Über Jans Tod bist du nie richtig hinweggekommen und hast immer wieder von ihm geredet. Oft hast du erwähnt, was Jan gesagt hat: „Über den Wolken ist kein Himmel zu sehen." Das hat dich tief getroffen. Denn von Kindesbeinen an hattest du gelernt, dass *oben* der Himmel war. Du fühltest dich betrogen und hast gesagt: „Das haben die Pfarrer uns alles nur weisgemacht!" Dabei hattest du lange Zeit eine sehr hohe Meinung von den hochwürdigen Herren und hättest es gerne gehabt, dass ich Priester geworden wäre. Gott sei Dank habe ich dir diesen Gefallen nicht getan. Denn ohne Frau und Kinder wäre ich unglücklich geworden. Und du weißt doch auch, dass ich zum Zölibat nicht berufen bin.

Mein Gott, wo ist die Zeit geblieben, dass du mich morgens im Dunkeln ein Stück weit zur Kirche begleitet hast, als ich dort die Frühmesse um 6:30 Uhr zu ministrieren hatte?

Mutter, ich kann nicht sagen, dass ich dich mehr geliebt habe als den Vater, aber ihn vermisse ich nicht so sehr. Doch ohne dich fühle ich mich manchmal so allein, mutterseelenallein.

Du hast mich ja unter deinem Herzen getragen. Du hast mich unter Schmerzen zur Welt gebracht. Deine Milch war meine erste Nahrung. Du hast mir die Muttersprache beigebracht. *Mama* war mein erstes Wort. Vielleicht wird es auch mein letz-

tes sein. Ich habe schon mehrmals erlebt, dass Sterbende nach ihrer Mama rufen.
Und wenn ich die Augen endgültig schließe, werde ich dich dann wiedersehen? Wenn ich das wüsste, könnte ich viel leichter aus dieser Welt gehen. Wenn ich das nur wüsste.
Ich kenne einige, die dem Tod schon ganz nahe waren. Sie standen mit einem Fuß schon auf der Schwelle zum Jenseits. Sie erzählen alle von dem großen Licht und sagen, dass Sterben etwas ganz Schönes sei. Sie haben keinerlei Angst mehr vor dem Tod. Ich war noch nicht so weit, aber wenn ich wüsste, dass du drüben wirklich auf mich wartest, würde das mir meinen Übergang wesentlich erleichtern. Die Vorfreude, dich wiederzusehen, würde mir die Angst vor dem Tod nehmen. Ach wäre das schön, dich wiederzusehen – und Jan und unseren Papa, Onkel Jupp und all die anderen aus unserer Familie.
Wenn ich das nur wüsste. Dann würde ich auf dem Sterbebett auch schnell den Löffel abgeben, um zu euch zu kommen! – So wie du es mir vorgemacht hast, kurz vor dem Hundertsten.

Ich habe dich noch nicht losgelassen

Du, ich war heute bei der Beerdigung von Richard, dem früheren Briefträger. Du weißt ja, der große Kräftige, der mit Mathilde verheiratet war. Sie hatten drei Kinder. Die älteste Tochter ist vor ein paar Jahren an Aids gestorben, sagt man. Richard war 68, hatte Bauchspeicheldrüsenkrebs, inoperabel. Zum Schluss wog er gerade einmal 40 Kilo, war nur noch Haut und Knochen. Nicht zu glauben, dass so ein Mann wie ein Baum innerhalb von ein paar Monaten wegstirbt. Er hat furchtbare Schmerzen gehabt, und seine Frau ist erleichtert, dass er endlich ausgelitten hat.

Bernd, bei deiner Trauerfeier hat der Pfarrer auch gesagt, dass dein Tod eine Erlösung war. Und ich sollte dankbar sein, dass dir weiteres Leid erspart geblieben ist. Auch die Verwandten und Nachbarn meinen, dass ich eigentlich froh sein müsste, dass du von deiner schweren Krankheit erlöst und befreit bist. Das sagt mir auch mein Kopf. Aber mein Bauch denkt anders.
Du, ich weiß, es gab keine Chance auf Heilung mehr. Dein Tod war die Lösung eines unlösbaren Problems. Dir war nicht mehr zu helfen. Auch die Ärzte waren hilflos. Eine Zeit lang hatten sie uns noch Hoffnung gemacht und wir haben geglaubt, dass sie den Krebs in den Griff bekommen. Nach der Operation hattest du eine gute Phase und bist wieder Fahrrad gefahren. Wir waren sogar mit Jutta und Peter noch auf Teneriffa. Wir hatten gehofft, es wird schon wieder. Du bist mit aller Kraft gegen die Krank-

heit angegangen, wie ein Löwe hast du deinen Todfeind bekämpft. Die schweren Chemotherapien hast du erstaunlich gut überstanden. Die Bestrahlungen aber haben dir schwer zu schaffen gemacht. Es gab so manches Tief, aber immer wieder hast du dich aufgerappelt und bist wieder auf die Füße gekommen. Erst ganz zum Schluss hast du die Hoffnung aufgegeben und zugegeben, dass der Kampf verloren ist. Deinen leidvollen Krankheitsverlauf habe ich in deiner Todesanzeige in den drei Worten zusammengefasst: *Gekämpft, gehofft und doch verloren.* Heute würde ich einen anderen Text nehmen: Heute weiß ich, dass der Kampf gegen die Krankheit ab einem gewissen Zeitpunkt nicht mehr zu gewinnen war. Aber der Krebs hat auch so manchen Gewinn gebracht. Wir haben Einsichten und Erkenntnisse erworben, die uns sonst verborgen geblieben wären. Du wirst sagen: Ich hätte gerne darauf verzichtet und wäre lieber wieder gesund geworden. Das verstehe ich. Und trotzdem kann ich deine Krankheit nicht nur negativ sehen. Durch den Krebs hat unsere Liebe an Tiefe gewonnen. Auf dem mühevollen Weg durch deine Krankheit sind wir beide uns ganz nahe gekommen, näher als auf der breiten Straße eines gesunden Lebens. Auch wenn vieles nicht mehr möglich war, so war es doch so schön, einfach miteinander auf dem Balkon zu sitzen, die Blumen zu sehen, Zeit für einander zu haben, miteinander zu reden, und sich an den kleinen Dingen des Lebens zu freuen. Deine Krankheit hat uns die Augen geöffnet für das, was wesentlich ist.

Dein Tod, Bernd, war auch eine Erlösung für mich. Ich war mit meiner Kraft am Ende. Ich war ja rund um die Uhr bei dir, habe kaum noch geschlafen. Einige haben mich gefragt, wie ich das geschafft habe, drei Wochen lang Tag und Nacht für dich da zu sein. Ich habe ihnen geantwortet: „Wenn der Mensch, den du liebst, dich braucht, dann kannst du das." Dabei habe ich es oft kaum noch ausgehalten, dich so liegen und leiden zu sehen, zusehen zu müssen, wie du immer weiter abbaust, immer weniger wirst.

Du hattest immer auf einen schnellen Tod gehofft. Aber es war ein langes, langsames Sterben, so wie du es gerade nicht gewollt hattest. Sieben Wochen lang lagst du da, mehr oder weniger abwesend. Du warst da und doch nicht mehr da. Wenn ich dich etwas gefragt habe, hast du schon die richtige Antwort gegeben. Aber wenn ich dann weiter mit dir gesprochen habe, hast du nichts mehr gesagt. Vielleicht wolltest du auch nicht mehr reden, weil es nichts mehr zu sagen gab. Du wusstest, dass deine Stunde immer näher rückt.

Trotzdem hätte ich so gerne gewusst, was in dir vorgeht, was du denkst, was du fühlst. Du schienst oft so weit weg, dass ich dich mit meinen Worten nicht mehr erreichen konnte. Doch vielleicht hast du gespürt, wie meine Hand dich gestreichelt hat. Mehr konnte ich auch nicht tun. Ich bin an deinem Bett gesessen und habe die Ohnmacht mit dir geteilt. Nichts machen zu können, das hat mich schier wahnsinnig gemacht. Wie oft hätte ich schreien können! Am liebsten wäre ich davongelaufen, einfach weg. Im Nachhinein bin ich natürlich froh, dass ich durchgehalten habe und du bis zuletzt daheim bleiben konntest, eingebettet in deiner vertrauten Umgebung. Ja, hinterher sieht manches anders aus als wenn du *mittendrin* bist, und nicht weißt, wie lang es noch geht.

Wie verzweifelt ich manchmal auch war, ich möchte diese Zeit nicht missen. Es hat mir viel gegeben, dich bis zur Schwelle des Todes zu begleiten. Ich hoffe, ich konnte dir helfen, den letzten

Schritt zu tun. An jenem Donnerstag, kurz nach drei Uhr nachmittags, hast du noch zweimal geatmet, und dann den Kopf zur Seite gelegt.

Wie viele Gedanken sind dir durch den Kopf gegangen! Du hast vieles bedacht, tief nachgedacht. Du bist den Dingen auf den Grund gegangen, wolltest hinter alles schauen. Du hast auch den Sinn des Lebens hinterfragt. Ich kann mich noch gut an deine Worte erinnern: „Da wirst du in die Welt gesetzt, ohne gefragt zu werden, ob du das willst. Und ungefragt musst du auch wieder gehen. Es ist dieses *Ungefragt,* das die Frage noch zuspitzt: Wozu sind wir auf der Welt? Was ist der Sinn unseres Daseins?"

Aber stell dir vor: Wir würden gefragt, wann es uns denn recht wäre, Abschied von uns und von unseren Lieben zu nehmen. Wir würden sagen: Später. Irgendwann. Aber wann? Wann ist es uns denn recht? Wann ist der richtige Zeitpunkt? Was heißt *rechtzeitig* sterben?

Bernd, jetzt kann ich es dir sagen. Als du damals im Februar die Krebsdiagnose erfahren hast, habe ich den Herrgott gebeten: Bitte, lass mich meinen Mann noch bis Weihnachten behalten, dann kann ich ihn loslassen. Als es dann aber Weihnachten war, habe ich ihn angefleht: Lieber Gott, bitte, bitte, bis Ostern noch. Nur bis Ostern noch.

Als du dann am 24. Juni starbst, war es für mich immer noch zu früh. Statt dankbar zu sein, dass ich dich noch so lange bei mir behalten durfte, war ich traurig, dass ich dich gehen lassen musste.

Nächste Woche ist schon dein dritter Todestag, aber ich habe dich immer noch nicht losgelassen. Dazu bist du mir zu sehr

ans Herz gewachsen. Ich komme nicht los von dir. Ich suche die Orte auf, an denen du gerne warst. Immer wieder gehe ich zu der Stelle im Wald, die du am meisten geliebt hast. Wie oft sind wir dort zusammen auf der Bank gesessen! Aber allein kann ich mich nicht auf *unsere Bank* setzen. Nein, das schaffe ich nicht. Und trotzdem zieht es mich dort hin. Ist das nicht verrückt? Bin ich noch richtig im Kopf? Ich koche auch noch deine Lieblingsgerichte, selbst wenn ich keinen Hunger habe oder nicht viel davon esse. Aber ich kann nicht anders. Ich kann nicht so tun, als seiest du tot. Du bist noch überall dort, wo ich bin. Und in der Wohnung verfolgst du mich auf Schritt und Tritt. Alles erinnert mich noch an dich.
Immer wieder habe ich das Gefühl, dass du mit mir reden willst. Manchmal denke ich, das kann doch nicht sein. Wie oft höre ich dich sagen, mir zureden: „Du schaffst es. Du hast doch die Kinder und die Enkel." Das stimmt. Und ich habe sie auch sehr lieb, aber du warst es doch, der mir am nächsten stand. Du warst mir so vertraut. Mit dir konnte ich über alles reden. Du warst mein Ansprechpartner. Du hast mir entsprochen. Ach Bernd, du fehlst!
Du weißt nicht, wie schlimm der erste Jahrestag war. Ein paar Wochen vorher habe ich schon alle Krankheiten bekommen, die man kriegen kann. Kopfweh, Durchfall, Gliederschmerzen. Und je näher der Tag gekommen ist, umso übler ist es mir ergangen. Ich habe alles noch einmal durchlebt, so wie es im Jahr zuvor war. Es war schrecklich. Aber eines tröstet mich: Dass du ohne Schmerzen, ohne Qualen, ohne Todeskampf gestorben bist. Sanft bist du eingeschlafen.
Mit dem Einschlafen hast du dich schon immer viel leichter getan als ich. Du konntest dich einfach in deine Träume fallen

lassen. Während du schon schliefst, bin ich oft noch stundenlang neben dir wach gelegen. Du hast mir oft gesagt: „Lass dich los, dann schläfst du von selbst ein.“ Aber ich konnte meine Gedanken nicht einfach ruhen lassen. Und dann, wenn du dann auch noch geschnarcht hast, war an Schlafen nicht zu denken. Als ich an deinem offenem Grab stand und Erde auf deinem Sarg schaufelte, sagte ich zu dir: „Gute Nacht, Bernd, schlaf schön.“ Der Tod ist ja der große Bruder des Schlafes. Schläfst du immer noch? Oder bist du längst aufgewacht? Am anderen Ufer. Im Paradies. Du hast nicht an ein Leben nach dem Tod geglaubt, dazu warst du zu sehr der Wissensmensch. Vielleicht weißt du jetzt, was ich glaube: Der Tod ist das Tor, durch das wir ins Licht gehen. Alle meine Bemühungen, dich vom Glauben zu überzeugen, haben bei dir nur ein mildes Lächeln hervorgerufen. Selbst wenn der Herrgott persönlich vom Himmel herabgestiegen wäre, hättest du deine Meinung nicht geändert. Mein Gott, warst du ein sturer Kopf, ein Dickschädel! Und wie oft habe ich dir gezeigt, dass ich genauso stur sein kann wie du. Manchmal haben wir tagelang kein Wort miteinander gesprochen, kein einziges Wort. Weißt du noch? Einmal haben wir nur noch per Zettel miteinander verkehrt. Das ging drei Tage hin und her. Dann hattest du auf einem Zettel geschrieben: *Trotzdem liebe ich dich.* Und ich habe dir einen Zettel zugeschoben: *Ich dich auch, du Trotzkopf!*
Ja, manches war schon lustig. Im Nachhinein betrachtet. Aber in der Hitze des Gefechts gab es nichts zu lachen. Da wurde scharf geschossen. Auch wenn wir uns am Ende immer wieder versöhnt haben, tut es mir leid, dass ich manchmal so wüst zu dir war. In meiner Wut habe ich dir Dinge gesagt, die mir heute noch leid tun. Es ist schade, dass wir so viel Zeit vergeudet haben.

Inzwischen weiß ich, dass das Leben zu kurz ist, um sich gegenseitig zu bekriegen. Warum habe ich das nicht vorher gewusst? Ich weiß, was du jetzt sagst: Aus Schaden wird man klug.
37 Jahre lang haben wir Freud und Leid miteinander geteilt, sind wir Seite an Seite durch Höhen und Tiefen gegangen. Aber das tiefste Tief habe ich in der Zeit nach deinem Tod durchlebt. Zunächst ging es noch einigermaßen. Ich musste mich um die Beerdigung kümmern und hatte viel zu erledigen. Aber als dann alles vorbei war, bin ich in ein tiefes Loch gefallen. Die Kinder haben alles versucht, mich da herauszuholen. Sie wollten, dass ich zu ihnen komme. Und auch unsere Freunde haben mich immer wieder zu sich eingeladen, aber ich habe abgelehnt. Ich wollte nur noch alleine sein, alleine mit dir. Am liebsten wäre ich dir hinterhergegangen. Aber ob ich dann zu dir gekommen wäre?
Mit der Zeit habe ich mein Tief doch überwunden. Du hast mir dabei geholfen. Bei dir habe ich mich ausgeweint und du hast mich getröstet. Und einmal bist du nachts im Traum zu mir gekommen und hast mir gesagt: „Warum weinst du denn? Mir geht es doch gut. Ich will nicht zurück."
Dieser Traum hat mir gut getan. Seitdem geht es mir viel besser. Aber immer wieder werde ich von meiner Trauer und meinem Verlust eingeholt. Vor allem an deinem Geburtstag, an unserem Hochzeitstag, an Weihnachten und eben ganz besonders in der Zeit vor deinem Todestag. Da kommt alles wieder in mir hoch: meine Ohnmacht, meine Schuldgefühle, meine Reue, meine Trauer, meine Liebe zu dir. Und da merke ich dann, Bernd, dass ich dich immer noch nicht losgelassen habe.

So schön möchte ich auch mal sterben

Du, Doris, ich sitze gerade hier am Frühstückstisch und schaue mir die Todesanzeigen an. Du hast morgens die Zeitung auch immer von hinten angefangen zu lesen. Wenn dir eine Traueranzeige gut gefallen hat, hast du sie mir vorgelesen. Bei manchen hast du auch nur den Kopf geschüttelt. An eine kann ich mich noch ganz gut erinnern. „Unfassbar für uns alle hat uns unser geliebter Vater und Opa im Alter von 92 Jahren völlig unerwartet verlassen." „Nicht zu fassen", hast du gesagt. „Die fassungslosen Angehörigen haben sich wohl nie damit befasst, dass jedes Herz einmal zu schlagen aufhört. Meistens dann, wenn man es nicht erwartet. *Völlig unerwartet verlassen.* Im Alter von 92 Jahren. Dann hat der Gute die Lebenserwartung der Männer bald um zwanzig Jahre übertroffen. Die Familie ist wohl von allen guten Geistern verlassen, so etwas zu schreiben. *Verlassen.* Als ob er sie im Stich gelassen hätte. Dabei ist er doch nur den Weg gegangen, den alle gehen. Daran kommt keiner vorbei." Das war damals dein Kommentar.

Ja, die Traueranzeigen zeigen, dass der Tod immer privater wird. Wie oft heißt es: „Wir haben im engsten Familienkreis Abschied genommen." Du erinnerst dich ja auch noch, wie früher der ganze Ort hinter dem Sarg her zur Kirche gegangen ist. Das Begräbnis war ein öffentliches Ereignis. Wie sehr alles im Wandel ist, zeigt allein schon das Wort *Beerdigung*. In der Stadt gibt es kaum noch

Erdbestattungen. Die meisten lassen sich einäschern. Auch die Einstellung zum Tod hat sich verändert. Früher galt der Tod als Übergang ins Jenseits. Darum gehörte zu jeder Todsanzeige ein Liedvers oder ein Bibelspruch. Die findest du heute fast nur noch beim Tod von älteren Menschen. Es gibt natürlich auch gute, weise Worte von Dichtern und Philosophen. Manchmal steht auch nur ein Wort da: „Warum?", häufig nach einem Unfall oder Suizid. Wenn jemand sich das Leben genommen hat, gibt es oft gar keine Traueranzeige. Die Angehörigen trauen sich nicht. Um so mutiger, was vor kurzem die Eltern von einem jungen Mann geschrieben haben, der in den Neckar gegangen war: „Wer Übles redet über mich und die Meinen, der gehe nach Hause und betrachte die Seinen. Findet er an ihnen kein Gebrechen, kann er frei von mir und den Meinen sprechen!"

Doris, ich hätte gerne gehört, was du zu der Todesanzeige sagst, die hier heute in der Zeitung steht: „Du warst zu gut für diese Welt." Was heißt das? Zu gut für diese Welt. Eine andere Welt gibt es nicht. Oder hätte der Gute auf einen anderen Planeten gehört, wo es nur Gute gibt? Vielleicht war er auch nur etwas weltfremd. Oder vielleicht war er zu gutmütig und wurde immer wieder ausgenutzt. Was meinst du?

Zu gut für diese Welt. So schlecht ist diese Welt doch auch nicht. Das zeigen ja die Todesanzeigen. Sie sind voll von treusorgenden Vätern, herzensguten, immer hilfsbereiten Menschen ... Oder ist die Welt so schlecht, weil die Guten von uns gehen?

Der Mann, der zu gut war für diese Welt, war 32. Ein Jahr jünger als Jesus. Für Jesus oder Buddha hätte ich mir das noch gefallen lassen: Er war zu gut für diese Welt. Aber dieser Wolfgang? Wer war denn dieser Wolfgang? Und woran ist er gestorben? Das geht aus der Todesanzeige nicht hervor. Vielleicht wollte, konn-

te er nicht mehr leben, weil diese Welt in seinen Augen zu schlecht war. Vielleicht war sein Herz zu groß und er hat alles den Armen gegeben. Ob die enttäuschten Erben dann aber noch so eine Todesanzeige für ihn übrig gehabt hätten? Ja, die Todesanzeigen geben so manches Rätsel auf. Was glaubst du, warum Walter zu gut war für diese Welt? Vielleicht triffst du ihn in deiner jetzigen Welt.
Möglich, dass auch du, liebe Doris, zu gut für diese Welt warst. Auf jeden Fall warst du zu gut für mich. Deine Mutter hat schon gewusst, dass du etwas Besseres verdient hättest. Aber für sie wäre wahrscheinlich keiner gut genug für ihre Tochter gewesen. Nein, im Ernst: Ich habe dich nicht verdient. Trotzdem bin ich froh, dass du es so lange mit mir ausgehalten hast. Es war ein langer Weg, den wir zusammen gegangen sind. Es war kein gemütlicher Spaziergang. Manche Strecke war steinig. Einige Steine habe ich uns in den Weg gelegt. Das tut mir immer noch so leid. Ein Stück weit sind wir auch durch die Wüste gegangen. Als unser Sohn Norbert mit 44 Jahren an einer Hirnblutung starb, war es nicht einfach, einen passenden Text für seine Todesanzeige zu finden. Schließlich habe ich es dir überlassen und du hast dich für den Psalmvers entschieden: „Du bist mein Gott. In deiner Hand liegt mein Geschick." Diese Worte haben mehr zu dir als zu Norbert gepasst. Denn du warst diejenige, die unerschütterlich fest im Glauben stand. Voll Vertrauen hast du unseren Norbert in Gottes Hände gelegt. „Er wird es wohl machen", hast du gesagt.

Doris, für deine eigene Todesanzeige hattest du deinen Lieblingsvers gewählt: „Und muss ich auch wandern durch finstere Schlucht, ich fürchte kein Unheil. Denn du bist bei mir. Dein

Stock und Stab trösten mich." Du hast dich nie allein gefühlt. Dein Gottvertrauen hat dich durch das Leben getragen, dir auch in schweren Stunden Halt gegeben. Immer und überall hast du Gottes starke Hand gespürt, die dich führt. Er hat dich auch begleitet auf dem Weg durch die Trauer um unseren Norbert. Du hast in deinem Leben den Gott des Trostes erfahren. Und du hast gewusst, dass er mit dir auch durch das Dunkel des Todes geht und dich ins Licht führt. Du hattest überhaupt keine Angst vor dem Tod. Im Gegenteil. Du hast dich gefreut und gesagt: „Ich werde die Erste sein, die unseren Norbert wiedersieht." Du warst voller Zuversicht, nein, du warst dir sicher, dass du heimgehst.
„... ist nach einem erfüllten Leben heimgegangen." Das waren deine Worte. Ich brauchte nur noch das Datum auszufüllen. Ja, du bist mit Gottvertrauen und Hoffnung auf das ewige Leben heimgegangen. Es war ein guter, ein schöner Tod, weil du so gestorben bist, wie du gelebt hast. Im Vertrauen auf den treuen Gott. Vorher hattest du noch gebeichtet und die letzte Ölung bekommen. Die hat dich gestärkt. Und die Kommunion war deine Wegzehrung. Du warst bestens vorbereitet für das „Übergänglein", wie du den Schritt über die letzte Schwelle genannt hast.
In den letzten Tagen hast du noch mehrmals das Lied „Großer Gott, wir loben dich" gesungen, obwohl du einen starken Schluckauf hattest. Du kanntest die Strophen auswendig. Und auch das Lied „So nimm denn meine Hände" haben wir zusammen gesungen. Doris, du weißt nicht, wie mir das gemeinsame Singen unter die Haut gegangen ist! ... „Lass ruh'n zu deinen Füßen dein armes Kind, es will die Augen schließen und glauben blind." Du konntest blindlings glauben. Wenn du wüsstest, wie oft ich dich um deinen kindlichen Glauben beneidet habe! Du hast dem Herrn einfach geglaubt, ihm vertraut, ihm zuge-

traut: Er wird's wohl machen. So gelassen wie du möchte ich auch sterben können und ihm alles überlassen. Auch ich möchte mich auf dem Sterbebett gerne so getragen und gehalten wissen, dass ich dann noch singen kann.
Doch dazu ist mein Glaube wohl zu klein, dazu sind meine Zweifel zu groß. Ich bin wohl zu sehr Wissenschaftler. Aber was nutzt mir all mein Wissen, wenn mir die innere Gewissheit fehlt. Die hattest du, die innere Gewissheit. „Ich brauche keine Beweise", hast du gesagt. „Ich weiß, dass mein Erlöser lebt." Das hat dir genügt. Deshalb war es nur logisch, dass du dir für deine Beerdigung das Lied „Christ ist erstanden" gewünscht hast.
Ganz tief in mir erahne, erspüre ich auch, dass das Leben mit dem Tod nicht zu Ende sein wird, aber du hast es gewusst, Doris. Du warst dir so sicher.
Du hast meine Zweifel oft nicht verstanden und gesagt: „Du bist doch so gescheit. Du weißt eine Menge über die Sterne, die Galaxien, die schwarzen Löcher, die Super-Nova. Aber mit Wissen allein ist das All nicht zu erklären. Es gibt mehr als wir verstehen, mehr als wir sehen." Das sehe ich auch so. Trotzdem fällt es mir schwer, an einen persönlichen Gott zu glauben, der sich dauernd mit den Menschen auf dem Staubkorn Erde befasst und sich um jeden Einzelnen kümmert. Du hast mich einmal gefragt: „Wenn du auf dein Leben zurück schaust, siehst du denn nicht, dass du geführt worden bist?" Ich weiß immer noch nicht, ob ich das so bejahen kann, obwohl mir mein Leben im Nachhinein als sinnvoll erscheint. Vieles hat sich wie von selbst gefügt. Die einzelnen Teile meines Lebenspuzzle haben einfach ineinander gepasst.
„Und wer hat dafür gesorgt, dass alles zusammenpasst und sich ein Ganzes ergibt?", höre ich dich schon fragen. Ja, du kommst

immer wieder mit deinem fürsorglichen Gott. Gegen den komme ich nicht an.
Was ich allerdings bei dir nicht verstanden habe, war deine Angst, nicht richtig tot zu sein. Du hattest doch ein solches Gottvertrauen, dass dir eigentlich auch im Tod nichts passieren kann. Nur vor dem Scheintod hattest du eine panische Angst. Und darum habe ich dir versprechen müssen, dir ein Glöckchen mit in den Sarg zu geben, damit du klingeln kannst, falls du wieder aufwachst.
Übrigens: Ich habe mein Versprechen gehalten. Du hättest sehen sollen, wie du da lagst, mit deinem Glöckchen in den Händen. Ja, es wäre schön gewesen, wenn es noch ein Klingelingeling gegeben hätte. Aber ich kann dich beruhigen. Doris, du warst richtig tot. Den Herztod hättest du noch überleben können, aber nicht den Hirntod. Früher soll es den Scheintod tatsächlich gegeben haben. Man sagt, dass die Angehörigen bei der Totenwache Tag und Nacht ein Licht brennen ließen, damit die zum Leben erwachte Person sich wieder zurechtfinde. Mit dem Licht sollten auch die bösen Geister vertrieben werden.
Ja, unsere Vorfahren taten so manches, was wir aufgeklärte Menschen als Aberglauben abtun. Im Totenzimmer wurde ein Fenster geöffnet, damit die Seele aus dem Zimmer entfliehen kann. Du wirst es kaum glauben, aber gleich als du gestorben warst, habe auch ich das Fenster geöffnet. Dabei habe ich eigentlich nicht an deine Seele gedacht, ich habe es automatisch getan. Schon merkwürdig für einen, der nicht so einfach glauben kann, dass die Seele ins Licht geht.
Und dann muss ich dir noch etwas erzählen, was mir noch immer zu denken gibt: Als du gestorben warst, ist meine sonst immer so zuverlässige Quarzuhr stehen geblieben. Unsere Vorfahren brachten die Wanduhr zum Stehen, um die Todesstunde

festzuhalten. Schon merkwürdig, das mit der Uhr. Und ist es nicht auch merkwürdig, dass ich mit dir rede? Denn du bist ja tot. Und trotzdem rede ich mit dir, als wärst du noch da. Ganz schön unvernünftig für einen so vernünftigen Menschen.
Du, Doris, was meine eigene Todesanzeige betrifft, habe ich mich für das Eisenbahngleichnis von Erich Kästner entschieden: „Wir sitzen alle im gleichen Zug und reisen quer durch die Zeit. Wir sehen hinaus. Wir sagen genug. Wir fahren alle im gleichen Zug. Und keiner weiß, wie weit.“ Ich bin mal gespannt, wie weit ich noch mitfahren kann. Der Tod kennt keinen Kalender. Du warst zwei Jahre jünger als ich und bist trotzdem vor mir gestorben.
Du bist im Leben nicht auf deinem Platz sitzen geblieben wie ich. Während ich am Fenster saß und viel gelesen habe, bist du auf die Mitfahrenden zugegangen. Du bist schnell mit anderen ins Gespräch gekommen, hast dich für den Einzelnen interessiert. Du hast dich auch um die Menschen gekümmert, die allein dasaßen und einsam waren. Du hast Kontakt gesucht mit den Fremden, die froh waren, dass sie in unserem Abteil einen Stehplatz gefunden haben.

Ja, seit drei Monaten sitze ich nun alleine da. Dein Platz ist leer. Es bleibt die Erinnerung an unsere gemeinsame Fahrt. Und die Hoffnung, dass der Tod doch nicht die Endstation ist. So fahre ich weiter in der Zuversicht, dass wir uns eines Tages wiedersehen. Meine Augen sind inzwischen auch müde geworden. Sie haben mehr als genug gesehen. Wenn ich nur wüsste, dass ich dich eines Tages wiedersehe, würde ich getrost weiterfahren, bis meine Zeit zum Aussteigen gekommen ist. Ich nehme allerdings kein Glöckchen mit.

Wir zwei ...

„Wir zwei ..." Wie oft habe ich das zu dir gesagt, ohne den Satz weiter zu führen. Aber eigentlich war damit alles gesagt: Wir zwei ... wir wussten, was wir aneinander haben. Wir zwei ... sind unseren Weg hier auf Erden zusammengegangen, oft auch ohne zu wissen, wie es morgen weitergeht. Wir zwei ... durften unseren Weg nicht mehr weiter zusammengehen. Wir zwei waren, nein, wir sind immer noch eins. Wir zwei ... wir gehören zusammen.

Unser gemeinsamer Weg war kurz, viel zu kurz. Nur fünfzehn Monate lang durften wir einander haben, aber in dieser Zeit sind wir so eng zusammengewachsen, dass wir zwei für immer unzertrennlich sind.

Miri, du kamst mit vier Herzfehlern auf die Welt und musstest von deinem achten Lebenstag an beatmet werden. Du hattest von Anfang an so viel durchzustehen, so viel Pech: falsche Medikamente. Unglückliche Infektionen. Du hattest mehrere schwere Operationen zu überstehen. Und dann an Silvester die Notoperation, die eigentlich nicht überlebbar war. Aber du hast sie überlebt. Vielleicht mir zuliebe, weil du gewusst hast, wie sehr ich dich brauche.

Tausendmal hättest du sterben können, aber du bist nicht gestorben. Und richtig aufgelebt bist du die zehn Wochen daheim. Die haben dir offensichtlich so gut getan, dass du vierzehn Zentimeter gewachsen bist und ein halbes Kilo zugenommen hast. Daheim hast du dich richtig erholt. Da hast du gelacht. Wenn ich dir das Lied von Cat Stevens vorgesungen habe: „Father and son."

Ja, du warst ein fröhliches Kind, auch wenn das bei deiner schweren Krankheit nicht zu begreifen war. Erst recht aber ist nicht zu begreifen, dass ein Leben, das noch nicht richtig begonnen hatte, schon zu Ende war. Genau fünf Monate nach dem Tod meiner Mutter am 15. Mai. Du warst ihr letzter Lebensinhalt. Du hast deiner Omi Kraft gegeben und sie von ihrer eigenen Krankheit abgelenkt. Sie war jedes Wochenende bei dir in der Klinik. Sie ist mit dir zu Operationen nach Heidelberg und Berlin gefahren. Kein Weg war ihr zu weit. Nichts war ihr zu viel.

Deine Omi war ganz stark. Sie hat nie geklagt, nie gejammert. Wenn sie gefragt wurde, wie es ihr geht, sagte sie meistens: „Gut." Manchmal antwortete sie auch: „Mir geht es nicht schlecht." Und wenn es ihr wirklich schlecht ging, sagte sie: „Es geht." Dabei hatte sie immer wieder ganz schwere Zeiten durchzustehen, wie damals vor ihrer Scheidung. Danach stand sie dann allein mit uns drei Kindern da und hat uns mit hohem Einsatz und großen Entbehrungen durchgebracht. Als dann später auch noch du, ihr heißersehntes Enkelchen, schwer krank zur Welt kamst und ihr einige Monate später eröffnet wurde, dass sie selbst unheilbar krank sei, war sie völlig verzweifelt. Warum? Warum trifft es gerade uns? Warum muss ich sterben, wo meine Tochter und ihr Bärchen mich so nötig brauchen?

Das ist doch gemein. Ich möchte einmal wissen, was ich verbrochen habe, dass der Herrgott mich so bestraft. Womit habe ich das verdient?

Warum trifft es immer uns? Ja, das habe ich auch gefragt. Innerhalb von fünf Monaten wurden mir die zwei liebsten Menschen genommen. Erst meine Mutter und dann du, mein Bärchen.
Und da gibt es immer noch welche, die behaupten, dass Gott keinem mehr auferlegt als er tragen kann. Geh fort! Für mich ist es eindeutig zu viel. Die Bürde ist viel zu schwer. Nicht umsonst bin ich schon mehrmals zusammengebrochen.
Bei der Vorbereitung zu deiner Trauerfeier wurde ich gefragt, ob wir ein Vaterunser beten sollten. Nein, habe ich gesagt, es gibt keinen Vater im Himmel, keinen Gott, denn sonst könnte er so etwas nicht zulassen. Und wenn es einen gibt, bin ich wütend auf ihn. Was ist das für ein Gott, der zulässt, dass ein Kind zur Welt kommt, nur um zu leiden? Was ist das für ein Gott, der will, dass ein Kind stirbt? Nein, ich kann nicht beten: „Dein Wille geschehe." Ich kann es nicht ertragen, wenn das Leiden als Wille Gottes verkauft wird. Wenn dein Tod gottgewollt war und Gott Spaß daran hat, einem unschuldigen Kind solch unendliches Leid zuzufügen, dann ist er ein Sadist.
So war es nur ehrlich, dass wir bei deiner Trauerfeier nicht gebetet haben. Es gab auch keinen Bibeltext, keine frommen Lieder. Das Lied von Celine Dion war sozusagen das Evangelium: „My heart will go on." Es fängt so an: „Every night in my dreams ..." Jede Nacht sehe ich dich, spüre ich dich in meinen Träumen, deshalb weiß ich, dass du weiterlebst ... Nah – fern – wo immer du bist, ich glaube, dein Herz lebt weiter, immer weiter. Noch einmal öffnest du die Türe und bist in meinem Herzen und mein Herz lebt weiter, immer weiter. Ja Miri, in meinem Herzen lebst du weiter. Darin hast du für immer deinen Platz. Aber lebst du auch dann noch weiter, wenn mein Herz zu schlagen aufgehört hat? Lebst du unabhängig von mir

weiter, oder lebst du nur in meinem Gedächtnis weiter? Bist du nur noch Erinnerung? Wenn ich gestorben bin, bist du dann endgültig tot?

Inzwischen sind es schon 427 Tage her, seit du von uns gegangen bist, aber noch immer fühle ich, dass du mir ganz nahe bist. Auch wenn dieses anfangs so starke Gefühl etwas nachgelassen hat, so spüre ich doch immer noch eine gewisse Nähe. Manchmal weiß ich ganz gewiss, dass dein Herz weiterlebt und du nicht sterben kannst. Dann aber bin ich wieder voller Zweifel und frage mich, ob ich mir dein Weiterleben nicht einbilde, weil ich mich mit deinem Tod nicht abfinden kann. Du weißt ja: Wir zwei sind ein Herz.

Durch deinen Tod wurde mir ein großes Stück aus meinem Herzen gerissen. Diese Wunde tut mir immer noch so weh. Und manchmal habe ich Angst, an dieser Wunde zu verbluten. Auch die schönsten Lieder, auch die besten Worte sind nur Trostpflästerchen auf dieser Wunde. Nichts vermag das blutende Mutterherz zu stillen. Nichts vermag mich zu trösten. Wenn mich überhaupt etwas getröstet hat, dann waren es die Freunde, die in diesen schwersten Stunden meines Lebens bei mir waren. Allein hätte ich es nicht geschafft, hinter deinem Sarg herzugehen. Wenn Onkel Heinz und Daniela mich nicht gestützt hätten, wäre ich wohl zusammengebrochen. Es war ein unvorstellbarer Schmerz.

Der Friedhofsbedienstete hat deinen kleinen Sarg in seinen Armen getragen. Am liebsten hätte ich selbst dich zum Grab getragen. Aber es war schon schwer genug, dich auf deinem letzten Weg zu begleiten. Kein Mann kann verstehen, wie weh es tut, das Kind herzugeben, das man als Mutter neun Monate unter seinem Herzen getragen hat. Keine Frau kennt den Schmerz, die nicht selbst ihr Kind in den Sarg gelegt, ins Grab gebettet hat.

Du hattest ein festes Einschlafritual und hast jeden Abend die Kassette des Spieluhrenorchesters gehört. Diese Gutenachtmusik haben wir auch bei deinem Abschied aufgelegt und haben dir gewünscht, dass du ganz ruhig schlafen mögest, ohne Schlauch, ohne Beatmungsgerät. Du lagst im Sarg auf deinem Lieblingskissen und hattest alle deine Spielsachen bei dir, deine Spieluhr, deine Plüschtiere. Du sahst wirklich so aus, als schliefst du, dein Köpfchen ein wenig auf der Seite, so wie du immer geschlafen hast.

Während die Musik lief, bin ich zu dir gekommen und habe dir einen letzten Gutenachtkuss gegeben. Und ich habe mit einem goldenen Stift zwei Herzen auf das weiße Särglein gemalt und geschrieben: „Mein Bärchen, wir sehen uns wieder!" Auch einige andere sind aufgestanden und haben dir noch etwas Liebes geschrieben. Und dein kleiner Sarg war verziert mit roten Blumen und gelben Sternen.

Am Ende der Abschiedsfeier haben alle einen Luftballon bekommen. Den haben wir fest in unseren Händen gehalten und sind damit hinter deinem Sarg zum Grab gegangen. Als du dann in die Erde gelassen wurdest, hat jeder auf eine Karte einen Wunsch geschrieben, den wir dir mit zum Himmel schickten. Du glaubst gar nicht, wie schwer es war, den Luftballon loszulassen, dich loszulassen. Trotzdem war es schön, die vielen Luftballons in allen Farben nach oben aufsteigen zu sehen und ihnen nachzuschauen. So wurde unser Blick vom Grab hinauf zum Himmel gelenkt. Auch die Inder schauen zur Sonne, wenn sie einen Toten verbrennen. Ich hoffe, dass unsere Ballons mit unseren guten Wünschen gut bei dir angekommen sind. Wo immer du bist.

Wohin bist du gegangen? Bist du nur in das Zimmer nebenan gegangen? Hast du die Räume gewechselt? Ich glaube, dass du auf einer anderen Ebene bist und eine höhere Sicht hast. Je höher du bist, desto weiter ist dein Blick. Du siehst sicher alles ganz anders als ich hier unten mit meinem eingeengten Blickwinkel.
Ich sehe dich immer noch hier bei mir. Dein Zimmer ist noch genau so wie damals, als du für immer eingeschlafen bist. Nichts habe ich verändert. Alles steht noch auf seinem Platz. Deine Spielsachen und Plüschtiere sind alle noch da, so als wärst du nie gegangen. Du könntest jederzeit zurückkommen. An manchen Tagen bin ich so verzweifelt, dass ich nach dir rufe: „Miri, komm zurück! Bitte, Miri, komm doch zurück!" Aber ich weiß nicht, ob du das wolltest. Doch ohne dich ist mein Leben so leer.
Du Miri, ich mache ich mir oft heftige Vorwürfe, dass ich dich nicht früher losgelassen habe. Ich wusste ja, wie schwer krank du warst. Und trotzdem habe ich dir diese schweren Herzoperationen zugemutet. Wenn ich dich schon eher hätte gehen lassen, wäre dir einiges erspart geblieben. Aber ich hatte immer noch gehofft, dass die Ärzte dein krankes Herz vielleicht doch gesund machen könnten. Ich war von verzweifelter Mutterliebe getrieben. Oder war diese Liebe nur verschleierte Eigenliebe, weil ich gewusst habe, dass ich ohne dich nicht leben kann? Ich hatte mich so fest an dich geklammert. Wir zwei waren eins.
Bei deiner Beerdigung war auch dein sogenannter Vater mit seiner jetzigen Frau. Sie saßen ziemlich weit hinten und haben

sich nicht getraut, vorne Platz zu nehmen. Das hätte noch gefehlt, dass *der* sich neben mich hinsetzt. Ich wäre aufgestanden, denn ich hätte seine Nähe nicht ertragen. Er hat dich gezeugt, aber er war nicht dein Vater. Er hat sich nie um dich gekümmert und uns beide mit allem allein gelassen. Inzwischen sind wir geschieden. Ich wollte nicht, dass du seinen Namen trägst, den Namen eines Fremden.

Ich bin selbst ein Scheidungskind und weiß, was meine Mutter alles durchgemacht hat. Nun bist du deiner Omi nach sehr kurzer Zeit gefolgt. Habt ihr euch schon wiedergesehen? Wirst du sie wiedererkennen? Du hast sie nicht bewusst gekannt. Schade. Als sie starb, waren manche meiner Freunde so traurig, als hätten sie die eigene Mutter verloren. Sie war die Freundin der Freunde ihrer Kinder und war auch für uns junge Menschen eine gute Ansprechpartnerin und Ratgeberin. Wenn ihr euch drüben wiederseht, werdet ihr einander viel zu erzählen haben. Und werden wir uns wiedersehen? Oder ist der Glaube an das Wiedersehen auch nur ein Trick, um den Schmerz des Verlustes zu lindern?!

Auch wenn mit dem Tod alles aus sein soll, dann warst du doch das größte Geschenk, welches das Leben mir je gemacht hat. Die Glücksmomente mit dir haben mir unendlich viel gegeben.

Zu deinem Abschied hatte ich mir das Stufengedicht von Hermann Hesse als Stärkung gewünscht. Ich kenne es längst auswendig. Die Verse sind mir aus dem Herzen geschrieben:

„Es muss das Herz bei jedem Lebensrufe
Bereit zum Abschied sein und Neubeginne,
Um sich in Tapferkeit und ohne Trauern
in andre, neue Bindungen zu geben.

Und jedem Anfang wohnt ein Zauber inne,
Der uns beschützt und der uns hilft zu leben.“

Mein Herz hat schon tausend Mal von dir Abschied genommen, aber es will dich immer noch halten. Ach, Bärchen, hilf mir doch, dass ich dich gehen lassen kann. Eines Tages komme ich nach, denn wir zwei gehören zusammen. Wir zwei sind eins. Wir zwei.

Und du sollst da drin sein?

Rudi, du hast dich einäschern lassen. „Das ist eine saubere Sache", hast du gesagt. Aber hast du auch einmal daran gedacht, was es für mich bedeutet, vor dieser Urnenwand zu stehen? Sie sieht aus wie eine Schließfachanlage, daran ändert auch die schöne Inschrift für die Eingeschlossenen nichts. Wolltest du wirklich so ewig deine Ruhe haben und weggesperrt werden? Wolltest du tatsächlich zwischen diesen kahlen, kalten Betonwänden herumstehen? Du, der immer frei sein wollte?!

Ich höre dich schon sagen: „Mein Liebes, ich habe es doch dir zuliebe getan. Ich wollte dich nicht mit der Grabpflege belasten. Und unsere Kinder wohnen zu weit weg, um sich darum zu kümmern. Und wenn das Grab verwahrlost, reden die Leute ..."

Ja, Rudi, du hattest so viele sachliche Argumente für deine Sache, deine saubere Sache. Dabei hätte ich viel lieber dein Grab gepflegt, als hier vor dieser öden Wand zu stehen und auf diese blöde Platte zu starren.

Du bist in der Mitte der obersten Reihe. Das passt zu dir. Du wolltest immer oben sein, die Oberhand haben. Du hast dich auch zu den Oberen hingezogen gefühlt, vielleicht weil du von unten, aus einfachen Verhältnissen kamst. Du hast dich hochgearbeitet und hast immer nur geschafft. „Wenn ich nicht mehr schaffen kann, will ich nicht mehr leben." Wie oft hast du das gesagt!

Die letzten Wochen konntest du gar nichts mehr sagen, kein einziges Wort mehr. Das war schlimm. Du hast zwar immer wieder versucht, dich verständlich zu machen, aber es ging nicht mehr. Auch mit dem Schreiben klappte es nicht. Und zeitweise konntest du auf meine Fragen nicht einmal mehr nicken. Und so stand ich oft an deinem Bett, habe gemerkt, dass du mir noch Wichtiges sagen wolltest, aber ich habe es nicht verstanden. Du wolltest mir noch manches mitteilen, aber du konntest es nicht mehr mit mir teilen. In den letzten Tagen sind dir oft die Tränen gekommen. Auch wenn du nicht mehr sprechen konntest, weinen konntest du immer noch.

Ganz kurz vor du gestorben bist, ist dir aus dem äußersten rechten Augenwinkel eine Träne über die Wange gelaufen. Deine letzte Träne, Rudi. Dann hast du die Augen ganz weit aufgerissen, als hättest du gesehen, wie der Himmel sich öffnet. Mit einem unglaublichen Gesichtausdruck bist du gestorben, so als wolltest du sagen: Das darf doch nicht wahr sein!

Nach deinem Tod hatte ich keine Tränen mehr. Ich hatte in letzter Zeit schon so viel geweint, ich war leer geweint. Aber bei deiner Trauerfeier sind mir die Tränen wieder gekommen, trotz der Beruhigungstropfen, die ich vorher genommen hatte.

Als du im Sarg in die Aussegnungshalle gefahren wurdest und Orgel und Trompete das ‚Amazing grace' spielten, hat die Trauer mich einfach überwältigt. Auch das ‚Ave Maria' hat mir die Tränen in die Augen getrieben. Da sah ich uns wieder am Sarg deiner Mutter stehen, vor drei Jahren. Dieses Lied für deine Mutter hat auch dich tief bewegt. Bitterlich hast du geweint.

Mein Abschiedslied für dich war „Ich bete an die Macht der Liebe". Die Liebe ist auch ohne Macht mächtig. Das habe ich an deinem Krankenbett erfahren. Ich stand deinem Leiden und Sterben zwar machtlos gegenüber, aber in dieser Ohmacht habe ich die Macht der Liebe gespürt. Sie ist stark wie der Tod, nein, stärker, denn die Liebe geht über den Tod hinaus.

Während der Trauerfeier sah ich dich im Sarg liegen, so, als würdest du nur schlafen. Du sahst gut aus, auch im Tod noch schön. Schade, dass die anderen dich nicht gesehen haben. Aber ich hatte den Sarg schließen lassen, denn du wolltest nicht ausgestellt werden.

Auch am Ende deiner Krankheit wolltest du nicht, dass andere sehen, wie du bis zum Skelett abgemagert bist. Du wolltest keinen Besuch mehr, was einige Verwandte und Freunde dir übel genommen haben. Vielleicht werden sie dich verstehen, wenn sie sich eines Tages selbst in ihrem Bett vergraben und auf den Tod warten.

Die Trauerfeier war schön, so weit man das so sagen kann. Du warst ja die Hauptperson, und lagst eingebettet in einem Meer von Blumen und Kränzen. Und mit meinen 54 Rosen in Herzform wollte ich dir auch noch einmal Danke sagen für jedes Jahr an deiner Seite. Zum Schluss ertönte das Time to say good bye durch die Aussegnungshalle und der Sarg wurde versenkt. Unsere Urenkelin Julchen war platt. Mit ganz großen, staunenden Augen fragte sie mich: „Ist das da vorne ein Zauberer?" – „Wieso?" wollte ich wissen. „Ja, der sieht so aus. Der trägt einen Zaubermantel und hat einen grauen Bart, nur der Hut fehlt. Der hat mit dem Dings da so herumgewedelt und dann ist die Kiste auf einmal heruntergegangen. Jetzt ist sie nicht mehr da." Ich habe Julchen dann erklärt, dass der Zauberer der Herr Pfarrer ist, der mit Weihwasser den Sarg besprengt hat. Doch das war viel zu hoch für die Kleine. Sie ist zum Pfarrer hin gegangen und hat ihn gefragt: „Kann ich jetzt meinen Opa wieder mitnehmen?" Zum Heulen. Ja, Schade, dass du das nicht gesehen hast. Oder hast du von oben alles mitbekommen? Dann hoffe ich, dass es dir gefallen hat, wie wir von dir Abschied genommen haben.

Im Vergleich zu der Trauerfeier war die Urnenbeisetzung sehr nüchtern, ernüchternd. Da gab es keine Musik, keinen Gesang und keinen Zauberer. Wir waren nur wenige, um dich auf deinem sogenannten letzten Weg zu begleiten. Als der kleine, untersetzte Mann vom Friedhofsamt mit der Urne ankam, konnte ich einfach nicht glauben, dass du da drin sein solltest. Du, mit deinen eins zweiundachtzig und der einst so kräftigen Statur in diesem kleinen Gefäß. Nicht zu fassen. Der Friedhofsaufseher hat mir die Urne gezeigt, damit ich mich vergewissern kann, dass Name, Geburtsdatum und Sterbedatum stimmen. Als sei damit schon bewiesen, dass die richtige Asche in der Urne drin war. Fassungslos habe ich den Kopf geschüttelt. Ich konnte einfach nicht glauben, dass das alles sein soll, was von dir übrig geblieben war.

Deine Schwester versuchte mich zu trösten: „Es ist doch nur seine Hülle, die da drin ist." Was heißt da *nur*? Es war doch diese Hülle, die ich begehrt habe. Sicher habe ich nicht nur deinen gut gebauten Körper geliebt, aber die körperliche Liebe hat für uns beide doch selbstverständlich dazugehört.

Es war deine Hülle, die mir so vertraut war. In deinen Armen habe ich mich angenommen, geliebt gefühlt. Wie viel ärmer wäre ich ohne deine Umarmungen gewesen! An deiner Schulter konnte ich mich ausweinen. Deine Hände hätte ich unter tausend anderen erkannt. Deine zarten Hände mit den langen Fingern, die mich manchmal so liebevoll gestreichelt haben.

Deine Augen, deine braunen Augen, die mich immer noch gerne gesehen haben. Dein Herz, dein großes Herz, das immer großzügig gegeben hat. Deine Haare. Hätte ich dir doch wenigstens noch ein paar Kopfhaare abgeschnitten und sie in einem Medaillon aufbewahrt. Natürlich warst du mehr als dein Körper. Aber das, was dich ausgemacht hat, dein Wesen war nun einmal in dieser Hülle verhüllt, deine Seele hat in deinem Körper gewohnt. Du warst Leib und Seele.
Diese Einheit, diese Ganzheit wurde im Ofen zerstört, auch wenn ich nicht glaube, dass deine Seele durch das Feuer vernichtet wurde und in Rauch aufgegangen ist. Trotzdem tat es mir weh, dich in den Flammen zu wissen. Du wirst mir sagen: „Aber, Liebes, ich habe davon doch nichts mitbekommen. Und wäre es dir denn lieber gewesen, wenn ich von den Würmern aufgefressen worden wäre?“ Natürlich ist das auch nicht appetitlich. Trotzdem will ich nicht, dass noch eine Menge Energie verwendet, verschwendet wird, um meine Wenigkeit aus dem Weg zu schaffen. Hinzu kommt, dass ich bei einer Verbrennung zwangsläufig an die unzähligen ermordeten Juden denken muss, die durch den Schornstein gegangen sind. Nein Rudi, ich kann mich mit einer Einäscherung nicht anfreunden. Niemals. Im Krematoriumsfeuer ist nach einer Stunde alles vorbei. Die übrig gebliebenen Wirbel, Rippen, Knochen werden mit der Knochenmühle fein gemahlen. Eine saubere Sache.
Du hast mir von der reinigenden, ja heiligenden Kraft des Feuers gesprochen, der du dich nach dem Tod hingeben möchtest. Aber du weißt auch, dass durch die reinigende Leichenverbrennung die Umwelt verschmutzt wird. Das können auch die feinsten Filter der Öfen nicht verhindern. Du wirst mir sicher entgegenhalten, dass bei einer Erdbestattung die Gefahr erst recht

besteht, dass die Schadstoffe das Grundwasser belasten. Trotzdem erinnern mich die Verbrennungsöfen des Krematoriums an eine Müllverbrennungsanlage. Schließlich enthalten Leichen eine Menge Problemmüll: Nägel, Schrauben, Drähte, Schienen aus Hüft- und Kniegelenken. Denk nur an dein Metallimplantat im Knie. Dein Herzschrittmacher mit der Quecksilberbatterie wurde vor der Verbrennung wohl entfernt. Oder hat es im Ofen geknallt, als er explodiert ist? Und was war mit deinen Amalgamfüllungen? Gott weiß, was man mit dem Magneten alles aus deiner Asche herausgezogen hat. Ob nur die Sargnägel und Beschläge beim Schrotthändler landen? Und wo ist dein Zahngold geblieben? Ich möchte es lieber nicht wissen, Rudi.

Die vielen Vorschriften verstärken bei mir den Eindruck, dass es bei der Einäscherung um die reinste Entsorgung geht. Alles soll natürlich umweltfreundlich sein. Nur reine Baumwolle ist erlaubt. Dabei hätte ich dir so gerne deinen geliebten Trainingsanzug angezogen, aber Polyester ist verboten.

Ich werde kein normal gerüschtes Hemd im Sarg tragen. Ich habe alles schon mit meiner Bestatterin besprochen. Du weißt, ich bin keine Feministin, aber ich will nach meinem Tod nicht von Männern gewaschen und herumgeschoben werden. Du bist am Ende nur durch Männerhände gegangen. Ein Mann hat dich zum Krematorium gefahren. Ein Mann hat dich in den Ofen geschoben. Ein Mann hat deine Urne getragen. Er hat mich gefragt, ob ich sie tragen will, aber ich weiß nicht, ob meine Kraft dazu ausgereicht hätte. Es fiel mir schon schwer genug, als erste deinen letzten Weg mitzugehen.

Und so kamen wir dann zum Kolumbarium, zum Taubenschlag. Deine Asche wurde in dein Schließfach abgestellt und hinter der

Frontplatte eingeschlossen, weggeschlossen für die nächsten zwanzig Jahre. Eine saubere Sache. Nicht mal eine frische Blume darf ich dir dort hinlegen, denn die mache Dreck.

Es tut mir leid, Rudi, aber ich habe keine Beziehung zu dieser Kaffeebüchse. Zum richtigen Zwiegespräch brauche ich einen Körper. Auch wenn der mit der Zeit verwest, habe ich doch eine Vorstellung, wo was im Grab liegt.
Wenn du dich schon einäschern lassen wollest, hätte die Urne in der Erde beigesetzt werden sollen. Ich hätte dein Grab gerne besucht und gepflegt. Das wäre für mich keine lästige Pflicht gewesen. Ich hätte dir immer wieder Blumen gebracht und den Pflanzen Wasser gegeben. Ach ja, du wolltest nicht begossen werden. Und du wolltest mir die Grabpflege nicht zumuten.
Rudi, wenn ich hier vor diesen Schließfächern stehe, bestärkt mich das in meiner Entscheidung, dass ich mich beerdigen lasse. Das mag altmodisch sein, aber so bin ich nun mal. Statt in Flammen aufzugehen, möchte ich in den Schoß der Erde zurückkehren und langsam verwesen. Die Mutter Erde hat mich mein Leben lang ernährt, dann kann ich ihr auch mein Fleisch zurückgeben. Dass noch einige Unterirdische sich daran satt essen, ist doch auch ein Happy End.
Wenn du ein richtiges Grab hättest, könnte ich nach meinem Tod zu dir hineinkommen. Und dann wären wir beide wieder zusammen. Ach Rudi, wenn ich nur einen Schlüssel für dein Schließfach hätte, würde ich deine Urne herausholen und deine Asche in unserem Garten beisetzen. Aber das ist bei uns verboten, wie du weißt. Wenn es den Bestattungszwang nicht gäbe, hättest du deine Asche vielleicht aus einem Heißluftballon streuen lassen. Oder wenn du noch höher hinaus gewollt hättest,

hättest du deine Überreste mit einer Rakete ins All schießen lassen können, um dort ganz weit oben dann deine Runden zu drehen.
Aber ich will dich in meiner Nähe haben und habe eine viel bessere Lösung – und viel billiger noch dazu. Nach meinem Tod lasse ich deine Urne über meinem Sarg umbetten. Dann sind wir wieder zusammen und du bist immer noch oben.

Du, ich kann ihm nicht vergeben

Mutter, ich kann ihm nicht verzeihen. Wie sollen wir Kinder ihm jemals vergeben können, dass er dich so brutal erschlagen hat?! Wir sind immer noch voll Wut auf ihn. Gut, dass du die bösen Worte nicht gehört hast, die gefallen sind, als wir vor der Beerdigung an deinem offenen Sarg Abschied genommen haben. Es wäre wohl besser gewesen, wir hätten dich nicht mehr gesehen und dich so in Erinnerung behalten, wie du zu Lebzeiten warst. Jetzt aber haben wir trotz des Verbandes deine schweren Kopfverletzungen gesehen und können sie nicht vergessen. Wie wild muss er mit seinen Hanteln auf dich eingeschlagen haben! Auch deine Hände und Handgelenke waren voll von Blutergüssen und Prellungen. Dieser letzte Anblick hat sich ganz tief in mein Gedächtnis eingeprägt. Jede Nacht sehe ich dich im Sarg liegen. Jede Nacht. Mein Gott, wie konnte er dich nur so entsetzlich zurichten! Dich, die du immer alles für ihn getan hast. Dich, die du ihn betüttelt und bemuttert hast. Er war dein großes Sorgenkind. Seit vielen Jahren. Ich und meine Geschwister haben oft den Kopf geschüttelt, nicht nur über sein Verhalten, sondern auch über dich. „Ach Kinder", hast du gesagt, „ihr könnt das nicht verstehen." Das stimmt, wir haben überhaupt nicht verstanden, dass du dir das alles nach vierzig Jahren immer noch hast bieten lassen. Auch wenn er dich mal nicht geschlagen hat, so hat er dir doch mit seinen ständigen Schikanen und Demütigungen unzählige Kerben in deine Seele gehauen. Du hast gewusst, dass er zwei uneheliche Kinder hatte. Kein Mensch hat verstanden, warum du bei einem Mann bleibst, der dich betrügt, beschimpft, bedroht, schlägt. Du hast dir das alles nicht nur gefallen lassen, du hast ihn auch noch in Schutz genommen. Wie hätten wir das verstehen können? Als der Herr damals schwer krank war, bist du jeden Tag zu ihm ins Krankenhaus und bist von morgens bis abends an seinem Bett gesessen. Und als er dann heim kam, hast du ihm jeden Wunsch von den Lippen abgelesen und hast ihn verwöhnt wie ein kleines Kind, fast wie ein Baby.

Du selbst hast keine Kindheit gehabt. Dein Vater war Alkoholiker, hat euch Kinder geschlagen und verprügelt. Als Kind hast du schwer schuften müssen und oft Hunger gelitten. Deine besten Jahre hast du im Krieg verbracht. Und 1947 musstet ihr aus der Heimat fliehen. Und als ihr dann endlich hier angekommen wart, wurdet ihr in einer alten Gefangenbaracke untergebracht. Ganz beengt habt ihr zu viert gewohnt. Als Flüchtlinge hattet ihr nichts zu lachen.
Eines Tages hat er dich angelacht. Du warst jung. Ihr habt geheiratet. Du weißt selbst, wie es dann weiterging. Was hast du eigentlich von deinem Leben gehabt? Das habe ich mich schon oft gefragt. Ach, wärt ihr euch doch nie begegnet! Dann wäre dir unendlich viel Leid erspart geblieben. Und du wärst jetzt wohl noch am Leben. Du wirst mir entgegenhalten: Wenn dein Vater und ich uns nicht begegnet wären, hätte es dich auch nicht gegeben. Aber ich frage mich, ob das nicht besser gewesen wäre, als mit dieser Schande und dieser Scham zu leben. Er weiß gar nicht, was er uns damit angetan hat. Wie eine Bombe ist die Sache in der Nachbarschaft eingeschlagen. Viele haben euch als

das Paar gekannt, das händchenhaltend durch die Straße gelaufen ist. Die ganze Geschichte ging durch die Presse. Die Reporter haben uns die Tür eingerannt. Schrecklich. Wir hatten gar keine Zeit, um dich zu trauern. Die Staatsanwaltschaft hat tagelang deine Leiche nicht freigegeben. Dich auf einem Stahltisch liegen zu sehen, während die Gerichtsmediziner an dir herumschnippeln, diese Vorstellung war schier unerträglich für mich. Und als die Freigabe dann endlich erfolgte, musste schnell die Beerdigung organisiert werden. Wir haben keine Todesanzeige in die Zeitung gesetzt. Was hätten wir denn schreiben sollen? Unsere geliebte Mutter wurde von ihrem geliebten Mann im Ehebett erschlagen?

Wir hatten nur den Verwandten und Freunden mitgeteilt, wann und wo die Trauerfeier stattfindet, aber es kamen trotzdem etwa hundert Leute, um von dir Abschied zu nehmen. Als ich an jenem Morgen mit meinen Geschwistern und ihren Familien vor deinem Sarg saß, kam mir das Ganze vor wie ein schlechter Film, wie ein böser Traum. Aber leider träumten wir nicht. Du lagst wirklich im Sarg. Ich wusste es, aber ich konnte es nicht glauben.
Wir haben das Lied von Roger Whittaker gehört, das dir auch so gut gefallen hat: „Abschied ist ein scharfes Schwert, das oft so tief ins Herz dir fährt." Wärst du eines natürlichen Todes gestorben, hätte der Abschied sicher auch wehgetan. Aber nun hatte er unser Herz so tief durchbohrt, dass es für diesen Schmerz keine Worte gibt. Ich kann dir gar nicht sagen, wie weh es mir tut, dass du so von mir weggerissen wurdest. Du warst doch meine Mutter. Weißt du noch, als ich damals krank war? Da hast du mehr gelitten als ich.

Zu ihm hatte ich ein ganz anderes Verhältnis als zu dir. Ich kann nicht sagen, dass er uns als Kinder schlecht behandelt hat. Er hat uns nie geschlagen. Aber ein liebevoller Papa, nein, das war er nicht. Das weißt du selbst nur allzu gut. Trotzdem habe ich ihn geachtet und einen gewissen Respekt vor ihm gehabt. Doch nach dieser Wahnsinnstat habe ich jegliche Achtung vor ihm verloren.
Du wirst sagen: „Du darfst nicht vergessen, dass dein Vater psychisch krank war.“ Als ob diese Erklärung ausreicht, um das Unbegreifliche begreiflich zu machen. *Psychisch krank.* Ich kann dieses Wort nicht mehr hören. Ich habe die Nase voll von Psychiatern. Die haben ihm ein paar Tropfen und Tabletten verschrieben, die er nicht genommen hat. Wir haben alles versucht, um das Unheil abzuwenden. Aber niemand hat unsere Sorgen und Ängste ernst genommen. Nirgends haben wir die Hilfe bekommen, die wir gebraucht hätten. Und zu dir hat sein Arzt gesagt, du sollst nicht so hysterisch reagieren. Von wegen.
In der letzten Zeit hast du uns mehrmals gesagt, dass du Angst vor ihm hast. Daraufhin haben wir dir dringend geraten: „Geh fort von ihm, bevor noch etwas Schlimmeres passiert! Geh ins Frauenhaus! Da bist du sicher. Oder geh zu deiner Schwester!“ Aber du hast nicht auf uns gehört. Du hast wohl geglaubt, dass er seine Drohungen nicht wahr macht. Du warst viel zu vertrauensselig. Dabei hast du doch gewusst, dass er sich alles Mögliche einbildet und Wahnvorstellungen hat. Nicht umsonst wurde er schon mehrmals in die Klinik eingewiesen. Die Angst, dass er dort wieder hin müsste, hat ihn vielleicht erst recht in den Wahnsinn getrieben. Du weißt doch selbst, wie er dir gesagt hat: „Dort gehe ich nicht mehr hin.“ Oder war es sein Prostatakrebs, der ihn in seiner Männlichkeit so sehr gekränkt hat, dass er von

krankhaften Fantasien besessen war? Er war krank vor Eifersucht. Hat er denn wirklich ernsthaft geglaubt, dass du mit anderen Männern ins Bett gehst und es mit den Türken treibst? Das ist doch lächerlich. Ich weiß nicht, was sich in seinem kranken Hirn alles abgespielt hat, aber so krank kann er doch nicht gewesen sein, dass er gar nicht mehr gewusst hat, was er tut. Wenn er so verwirrt im Kopf gewesen wäre, hätte er nach der schrecklichen Tat doch nicht noch mehr als fünfhundert Kilometer mit dem Auto fahren können!
Der Pfarrer hat vor dem Vaterunser gesagt, dass wir die Worte „Und vergib uns unsere Schuld, wie auch wir vergeben unseren Schuldigern“ schon oft gebetet hätten, aber wir jetzt erst wüssten, wie schwer es sein kann, seinem Schuldiger zu vergeben. Und wenn wir ihm nicht – oder noch nicht – verzeihen können, könnten wir wenigstens für ihn beten, hat er gemeint. Beten – für ihn? Und für was denn? Dass er endlich seine Tat gesteht und nicht weiter den Unschuldigen spielt. Bevor ich für ihn bete, soll er erst einmal seine Schuld gestehen und dich auf den Knien um Verzeihung bitten. Doch dazu fühlt der feine Herr sich wohl viel zu gut. Er und bitten! Er doch nicht!
Auch wenn er dich nicht um Vergebung bittet, wärst du fähig, ihm zu vergeben. Denn du hast immer schon so viel Verständnis für ihn gehabt. Zu viel. Ich erinnere mich noch gut an deine Worte: „Du musst jedem Menschen zugute halten, dass er so ist, wie er geworden ist.“ Damit hast du auf seine schwere Kindheit angespielt, als ob sich damit alles entschuldigen ließe. Du hast selbst als Kind doch auch genug gelitten, und trotzdem bist du ein guter Mensch geworden. Statt anderen Leid zuzufügen, wie er es getan hat, hast du mit den Leidenden mitgefühlt, mitgelitten. Dir traue ich zu, dass du jetzt auch

noch Mitleid mit ihm hast, weil er im Gefängnis sitzt. „Ach, der Ärmste!"
Mir tut er nicht leid. Eher habe ich Mitleid mit mir, weil ich das Kind von Eltern bin, von denen ein Teil den anderen erschlagen hat. Das kann man sich eigentlich nicht vorstellen. Ein Elternteil ermordet den anderen. Das ist der Wahnsinn. Und manchmal frage ich mich, ob ich nicht selbst wahnsinnig werde. Gestern wollte ich dich anrufen. Dabei liegst du doch schon seit vier Monaten auf dem Friedhof. Bin ich denn noch normal? Manchmal bekomme ich Angst vor mir selbst. Gott weiß, was in mir alles steckt! Schließlich trage ich sein Erbgut in mir. Sein Erb*gut*. Was soll daran denn gut sein? Aber ich bin Träger seiner Gene, ob ich will oder nicht. Als ob es nicht schon schwer genug wäre, seinen Namen zu tragen, den Namen eines Totschlägers. Wer weiß, wozu ich noch fähig bin, welche Abgründe in mir schlummern. Trotzdem kann ich mir nicht vorstellen, dass ich so etwas wie er tun könnte. Aber das hat er vielleicht auch gedacht.

Mutter, du hast uns beigebracht: „Alles ist immer für etwas gut." Aber wozu soll denn dein Tod gut sein? Ich kann darin keinen Sinn erkennen. Dein Tod ist genauso sinnlos wie der von unserer kleinen Katrin. Du weißt, wie sie damals bei dem Verkehrsunfall ums Leben, um ihr junges Leben gekommen ist. Ein betrunkener Fahrer hatte sie totgefahren und das mitten auf dem Zebrastreifen! Der Typ hatte 1,8 Promille im Blut. Nicht zu fassen, dass dieser Mann den Gerichtssaal auf freiem Fuß verlassen hat. Ich hätte den Mann damals umbringen können, so wütend war ich auf ihn. Ich kann gut verstehen, dass Angehörige den Mörder manchmal lynchen wollen. Mancher Mörder

wäre nicht mehr am Leben, wenn er nach der Tat nicht hinter Schloss und Riegel gekommen wäre. Da ist er sicher vor der Wut und dem Hass der Angehörigen des Opfers.
Mutter, wenn ein Fremder dich umgebracht hätte, wäre es auch schlimm. Aber wenn der Täter der eigene Vater ist, ist alles noch viel, viel schlimmer.
Vor kurzem bin ich zu ihm ins Gefängnis gegangen und habe ihn besucht. Wir haben uns die Hand gegeben, aber ich habe seine schnell wieder losgelassen. Denn ich bin ja nicht zu ihm hingegangen, um ihm die Hand zu reichen. Ich wollte ihn nur fragen, wie es jetzt mit eurer Wohnung weitergeht, denn die Kosten laufen weiter. Ich wollte auch hören, was er mit seinem Auto zu tun gedenkt. Aber er hat sich um eine klare Antwort gedrückt. Die Beerdigungskosten hat er bezahlt. Damit wollte er uns nicht *belasten*. Ach, wie rücksichtsvoll! Du Mutter, ich hatte bei diesem Besuch das Gefühl, einen völlig Fremden vor mir zu haben. Es war, als kenne ich diesen Mann überhaupt nicht.
Über die Tat selbst durften wir nicht sprechen. Das war vielleicht auch besser so. Trotzdem hätte ich ihn gerne gefragt, was denn an dem Abend in ihn gefahren sei. Denn wir wissen immer noch nicht, was der Grund für die schreckliche Tat war. Was war der Auslöser? Vielleicht werden wir es nie erfahren. Ob die Verhandlung die Wahrheit ans Licht bringt? Dazu müssten die Richter dich befragen können. Und vielleicht würdest du dich auch noch bei Gericht schützend vor ihn stellen.
Er wird sich geschickt darauf hinausreden, dass er sich an nichts mehr erinnern kann. Und wenn der Gutachter alles auf seine Krankheit schiebt, kann er nicht einmal verurteilt werden. Dann ist er schuldunfähig und wir müssen befürchten, dass er bald wieder draußen ist. Und was dann? Verstehst du, dass wir

Angst haben? Oder er kommt in eine geschlossene Anstalt. Aber für wie lange? Du weißt doch selbst, wie gut er reden kann und was für ein guter Schauspieler er ist. Der wickelt die Ärzte doch um den Finger. Damit will ich auch nicht sagen, dass er lebenslang weggeschlossen werden soll. Das ist ja das Verrückte, dass ich selbst nicht weiß, was ich möchte.

Nur eines weiß ich: Selbst wenn ich wollte, könnte ich meinem Vater nicht verzeihen. Das kann nur Gott. Und mir möge der Vater im Himmel verzeihen, dass ich ihm nicht vergeben kann.

Hätte ich es dir doch einmal gesagt

Bärbel, warum habe ich dir nicht einmal gesagt: „Du, ich bin so froh, dass es dich gibt! Du weißt nicht, wie glücklich ich bin, dass du meine Schwester bist, meine große Schwester!“ Auf einmal war es zu spät, um dir das noch zu sagen, was ich all die Jahre versäumt habe. Aber wer hätte denn gedacht, dass es am Ende so schnell gehen würde? Du wohl auch nicht. Natürlich wussten wir alle, dass du schwer krank warst, aber mit einem solch schnellen Tod hatte niemand gerechnet.

Am Freitag, den 15. Oktober, warst du wegen einer schweren Lungenentzündung ins Krankenhaus gekommen. Am Samstag ging es dir schon wieder besser. Und als ich am Sonntagmorgen zu dir kam, warst du schon seit einer Viertelstunde von uns gegangen. Wir kamen zu spät. Niemand war bei dir, als du starbst. Du warst ganz allein. Das bereitet mir immer noch Schuldgefühle, und nicht nur mir. Aber vielleicht hättest du nicht gehen können, wenn wir bei dir gewesen wären und dich gehalten, zurückgehalten hätten. Ganz still und leise hat der große schwarze Vogel dich geholt, so wie es in deinem Lieblingslied von Ludwig Hirsch heißt: „Komm, großer schwarzer Vogel, jetzt wär's grad günstig ... Wenn wir ganz leise sind, hört uns die Schwester nicht.“

Ja, die Krankenschwester hat auch nichts bemerkt. Um acht Uhr war sie noch bei dir im Zimmer und da hast du noch ganz fest geschlafen. Und als sie um neun Uhr nach dir schaute, warst du schon weggeflogen.

Fassungslos stand ich an deinem Bett, Bärbel, und habe dich immer wieder bei deinem Namen gerufen, aber du bist nicht wieder aufgewacht. Ich habe dich zärtlich gestreichelt, dir tausend liebe Worte gesagt. Meine Tränen sind auf dein Nachthemd gefallen. Und während ich mich bei dir ausgeweint habe, hörte ich dich singen: „Und dann fliegen wir rauf, mitten in den Himmel hinein. Und ich werd' singen, ich werd' lachen, ich werd' ‚das gibt's net' schreien, Ich werd' singen, ich werd' lachen, ich werd' endlich glücklich sein." Mit diesen Worten hast du mich getröstet.

Inzwischen waren auch die anderen gekommen. Alle haben geweint, geheult und nur gesagt: „Das gibt's nicht." Der Stationsarzt hat gemeint, dass ein Nierenversagen zu deinem unerwartet schnellen Tod geführt haben könnte. „Das gibt's nicht", hörte ich deinen Mann und meine Mutter gleichzeitig sagen. Und zu gleicher Zeit hörte ich dich *„das gibt's net"* schreien. Und ich habe geweint, geweint. Vielleicht waren es Freudentränen. „Das gibt's nicht." Wie oft ist dieser Satz nach deinem Tod gefallen. Bis Juli hattest du noch gearbeitet. In August warst du noch bei unserer Hochzeit und hattest dich wieder aufgerappelt. Als der Sommer zu Ende ging, hat sich dein Zustand verschlechtert, doch du hast es dir nicht anmerken lassen. Du hast anderen überhaupt nicht gezeigt, wie schwer du es manchmal hattest. Wenn wir dich gefragt haben, wie es dir geht, hast du immer geantwortet: „Mir geht's gut." Du hast es selbst dann gesagt, als es dir offensichtlich schlecht ging. Du wolltest nicht, dass wir uns noch mehr Sorgen um dich machen. Du hast uns manches nicht gesagt, nur um uns zu schonen, zu schützen.

Du hast alles allein mit dir ausgemacht. Dabei musst du manchmal doch ganz verzweifelt gewesen sein. Aber du hast

mit niemanden über deine Gefühle, über deine Ängste geredet. Mit deinem Mann nicht, mit unseren Eltern nicht, und mit uns Geschwistern auch nicht. Vielleicht wolltest du uns gegenüber auch keine Schwäche zeigen. Für uns warst du ja immer die starke, die große Schwester. Bevor du etwas gesagt hättest, hast du es lieber hinuntergeschluckt. Bist du vielleicht deshalb krank geworden? Ich habe einmal gelesen, dass Tumore die nicht geweinten Tränen sind. Das klingt ziemlich poetisch, aber ich glaube schon, dass die zurückgehaltenen Tränen krank machen können. Als der Tumor an den Nieren entdeckt wurde, hatten wir gehofft, er sei gutartig. Leider war er bösartig. Und ein paar Monate später stellte sich dann heraus, dass dieser Tumor die Tochtergeschwulst von einem anderen Krebsgeschwür war. Mein Gott, war das ein Schock! Für dich, für uns alle. Trotzdem hast du die Hoffnung nicht aufgegeben und weiter gegen die Krankheit angekämpft. Mit jeder Chemotherapie ist deine Hoffnung weiter gewachsen. Aber nach jeder Chemo ging es dir tagelang sehr übel. Die Haare sind dir ausgefallen. Doch du hast keine Perücke getragen. Mit dem Kopftuch bist du ins Büro gegangen. Du bist dazu gestanden, dass du Krebs hast. Manchmal hast du dich wohl auch gefragt, ob es nicht besser sei, mit der quälenden Behandlung aufzuhören. Und du hast sicher oft auch an Onkel Hans gedacht, der trotz der vielen Chemos am Ende ein lebender Leichnam war.
Das Auf und Ab der Gefühle, das Hin und Her zwischen Hoffen und Bangen, zwischen Zuversicht und Verzweiflung muss dich zermürbt haben. Ich habe mich oft gefragt, woher du die Kraft genommen hast, das alles durchzustehen. Ich hätte das nicht geschafft. Gut, wir haben deine Krankheit mitgetragen,

aber wir konnten dir nichts abnehmen. Du hattest die ganze Last zu tragen. Du musstest mit dem Damoklesschwert leben. Bärbel, ich habe dich im Stillen oft bewundert. Obwohl du körperlich so schwach warst, warst du doch noch so stark. Mit deiner inneren Stärke hast du uns die Kraft gegeben, dir weiterhin beizustehen. Manchmal hast du mich getröstet. „Jetzt weine doch nicht", hast du gesagt. „Hör doch auf zu heulen!"

Als der Kampf immer aussichtsloser wurde, hast du nicht aufgegeben und wolltest es mit einer neuen Therapie versuchen. Da musstest du eine ganz bittere Erfahrung machen. Die Krankenkasse wollte die Therapie nicht bezahlen, weil es sich in deinem Fall ohnehin nicht mehr lohnen würde. So direkt hat man dir das nicht gesagt. Es war die Rede von *austherapiert.*

Die Mediziner können doch sonst alles: Sie verpflanzen Herzen, machen Halbtote wieder gesund, aber mit ein paar Krebszellen werden sie nicht fertig. Mein Gott, muss das schlimm für dich gewesen sein, als die Ärzte dir mitgeteilt haben: „Für Sie können wir leider nichts mehr tun. Da kann man nichts mehr machen." Haben sie dich auch gefragt, was das mit dir macht?

Unsere Omi war auch austherapiert, sie wurde aussortiert. Obwohl sie schon im Sterben lag, wurde sie noch aus dem Krankenhaus in ein Pflegeheim abgeschoben. Montagmorgen um neun hat man sie mit dem Krankenwagen dorthin gefahren, keine zwölf Stunden später war sie tot. Es ist unmenschlich, eines Menschen nicht würdig, ihn am Ende seiner Tage noch wie ein Stück Gepäck zu transportieren. Was sind das für Krankenhäuser, in denen kein Platz mehr für Sterbende ist! Bei denen rechnet es sich ja nicht mehr. Unser Gesundheitssystem ist krank.

Als unsere Omi starb, war sie 86 Jahre alt. Sie war fast zweimal so alt wie du. Sie hatte ihr Leben gelebt. Es war ein schweres, aber auch ein erfülltes Leben. Ihr Leben war vollendet. Aber dein Weg war noch nicht zu Ende. Es gab noch so viel Unvollendetes, Ungelebtes. Obwohl manche deiner Wünsche in Erfüllung gegangen waren, blieb noch so viel unerfüllte Sehnsucht zurück. Du standest noch mitten im Leben. Viel zu früh bist du von uns gegangen. Von dir habe ich so manches gelernt. Wenn ich über manche hergezogen bin, hast du nicht mitgemacht. Du hast dich nie am Geschwätz der anderen beteiligt. Du hast mir einmal gesagt: „Du musst die Menschen nehmen, so wie sie sind. Andere gibt es nicht." Du warst einmalig, dich hat es nur ein Mal gegeben. So eine wie du wird es niemals mehr geben. Ja, du warst etwas ganz Besonderes. Das sagen auch unsere beiden anderen Schwestern. Von Kindesbeinen an hast du dich um uns gekümmert. Du warst unsere zweite Mutter. Du hast für uns Jüngere gesorgt, hast Pfannkuchen für uns gebacken mit viel braunem Zucker drauf. Wie war das lecker! Jedes Mal wenn ich jetzt Pfannkuchen esse, denke ich dabei an dich und bin dir ganz nahe. Es ist als ob meine Seele dann eins wird mit dir.

Weißt du noch, wie du mich abends ins Bett gebracht hast? Bevor du mir einen Gutenachtkuss gegeben hast, haben wir zusammen gebetet: „Müde bin ich, geh zur Ruh, schließ die müden Äuglein zu. Vater, lass die Augen dein über meinem Bette sein." Du hast die Türe immer einen Spalt offengelassen, weil du wusstest, dass wir sonst Angst haben. Du hast überhaupt sehr viel Verständnis für uns gehabt. Wenn es mit den Eltern Probleme gab, hast du oft versucht, zu vermitteln. Und auch als wir schon größer waren und wir manchen Mist gebaut hatten, hast du uns in Schutz genommen.

Es gibt so vieles, wofür ich dir dankbar bin. Warum habe ich dir nicht ein einziges Mal gesagt: Du, ich bin so froh und dankbar, dass du meine Schwester bist?! Dabei habe ich oft die Gelegenheit dazu gehabt. Wie viele Male saß ich allein an deinem Bett, habe mit dir über alles Mögliche gesprochen. Warum habe ich dir nicht gesagt, was jeder Mensch so gerne hört: „Wie gut, dass es dich gibt?!" Warum habe ich nicht ... Hätte ich doch ... Könnte ich doch nur ... Meine Selbstvorwürfe nutzen dir jetzt auch nichts mehr. Sicher habe ich dir manchmal auch mit einem Geschenk gezeigt, dass ich dich gerne habe. Aber warum habe ich es dir nicht *ohne Verpackung* einfach gesagt: „Schön, dass es dich gibt?"
Ich will dich nicht auf ein Podest stellen. Du hattest auch weniger gute Seiten und konntest sehr zickig und nachtragend sein. Trotzdem habe ich zu dir hinaufgeschaut. Du warst in vielem mein Vorbild, hast mir vorgelebt, wie wir auch mit dem Schweren im Leben fertig werden können. Nie habe ich dich klagen hören, obwohl du manchmal allen Grund dazu gehabt hättest. Du hast nicht gehadert und gefragt: Warum ich? Warum gerade ich? Ich weiß, dass es auf diese Frage keine Antwort gibt. Und trotzdem frage ich: Warum du? Warum gerade du?
Du hast es im Leben viel schwerer gehabt als ich. Als ganz kleines Kind hattest du schon eine schwere Lungenentzündung zu überstehen, mit vier Jahren eine Knochen-Tuberkulose. Du warst überhaupt ziemlich kränklich, aber trotzdem unglaublich zäh. Du warst eine starke, eine willensstarke Frau. Was du dir in den Kopf gesetzt hattest, das musste sein.

Bärbel, wir reden immer noch von dir. Wir können dich nicht vergessen. Und auf deinem Grab liegt oft ein Strauß Blumen

oder eine Rose. Das zeigt, dass auch deine Freundinnen und Freunde immer noch an dich denken und du nicht vergessen bist.
Ich bringe dir jedes Mal eine Kerze mit und zünde sie für dich an. Dabei kommt mir immer wieder der Spruch in den Sinn, den du mir damals gesagt hast, als mein Freund mich hat sitzen lassen: „Immer wenn du meinst, es geht nicht mehr, kommt von irgendwo ein Lichtlein her." Ja, ich habe schon mehrmals gedacht, dass es nicht mehr weitergeht. Aber siehe da: Jedes Mal kam von irgendwo ein Lichtlein her. Plötzlich hat sich in all dem Dunkel doch noch ein Hoffnungsschimmer gezeigt. Manchmal kam das Lichtlein aus einer Ecke, aus der ich es am allerwenigsten erwartet hatte. Oder zu einem völlig unverhofften Zeitpunkt.
Vor deiner Beerdigung gab es dunkle Wolken und ein paar Regenschauer. Auch in der Trauerhalle war es duster. Bis ein Sonnenstrahl durchs Fenster kam und auf deinem Sarg fiel. Dieser eine Strahl war so stark, dass er den ganzen Raum erhellt hat.
Bärbel, als du durch das Dunkel des Todes gingst, kam bestimmt von irgendwo auch ein Lichtlein her. Ein kleines Licht, das immer heller und heller geleuchtet hat, so hell, dass es dafür nicht einmal ein Wort gibt. *Das gibt's nicht. Das gibt's net!*

Mir fehlt die Hälfte

Mir fehlt die Hälfte. Nein, ich übertreibe nicht. Seit deinem Tod habe ich oft das Gefühl, nur noch ein halber Mensch zu sein. Wenn ich mir dann aber die Lieder deiner Trauerfeier anhöre, bin ich wieder ganz nahe bei dir, eins mit dir. Dann sehe ich mich wieder vor deinem Sarg langsam hinknien, als das Lied Martin, Martin erklang. Das war mein Abschiedslied an dich. Für viele ist dieses Lied von Mireille Mathieu nur ein Schlager. Für mich wurde dieses Lied bei der Trauerfeier zum Gebet. Und darum habe ich mich hingekniet, in Dankbarkeit, dass es dich gegeben, dass Gott dich mir gegeben hat. Du warst für mich die große Liebe. Was Liebe bedeutet, habe ich erst durch dich erfahren. Martin, ich habe dich so sehr geliebt. Nein, ich liebe dich immer noch, auch wenn du jetzt schon fast ein Jahr von mir gegangen bist.

Niemals werde ich einen Mann noch so lieben können wie dich. Du hast eine Lücke hinterlassen, die kein anderer ausfüllen kann. Ich habe mich oft gefragt, was du hattest, was andere nicht haben. Ich glaube, es war nicht diese oder jene Eigenschaft. Es war einfach deine Art, dein ganzes Wesen, das so liebenswert war. Du warst von einer tiefen Lebensfreude, von einer Fröhlichkeit beseelt, und die hast du ausgestrahlt. Dir stand immer ein Lächeln im Gesicht. Und dieses Lächeln war ansteckend, hat mir in der Seele gut getan.

Wenn du morgens aufgestanden bist, hast du gleich gesungen und das Radio angemacht. Ich habe dich nie niedergeschlagen

gesehen. Schwermut war dir fremd. Froh gelaunt gingst du durchs Leben. Du hast auch dann noch gelächelt, als die Lage todernst war. Auch dann hast du noch einen Spruch auf Lager gehabt und noch deine Späße gemacht. Während der Galgen schon über deinem Bett hing, hast du dich immer noch auf den Arm genommen. Das nenne ich Humor, Galgenhumor.
Weil du in deinem Innersten ein so froher Mensch warst, hat es dir auf Gran Canaria auch so gut gefallen. Die Menschen auf den Kanaren können aus innerer Freude feiern. Du hast gerne gefeiert und gemeint: Du musst die Feste feiern wie sie fallen. Du wolltest auch nicht, dass wir bei deiner Beerdigung Trauerkleider tragen. „Ihr sollt nicht traurig sein, keine langen Gesichter machen. Nein, ihr sollt ein fröhliches Fest feiern, eine Party!", hast du gesagt. Das sagt sich so leicht. Feier' du mal eine Party, wenn du todtraurig bist. Natürlich war ich auch erleichtert, dass du es endlich überstanden hattest und du so leicht gestorben bist.
An jenem Morgen des 20. März hast du deine olivengrünen Augen noch einmal ganz weit geöffnet und so schön gelächelt, gelächelt, wie ich noch nie einen Menschen habe lächeln sehen. Mit einem Lächeln auf den Lippen lagst du da, hast mir zugelächelt. Das war so tröstlich. Ich habe deine Lippen mit dem köstlichen Beaujolais benetzt, von dem du am Vorabend noch ein Glas getrunken hattest. Von deinem Lieblingsroten habe ich dir auch eine Flasche mit in den Sarg gegeben. Um acht Uhr habe ich unseren Hausarzt angerufen und gesagt, dass du ganz friedlich eingeschlafen seiest. Ich habe dich bis zum nächsten Nachmittag in der Wohnung behalten und mir genügend Zeit genommen, um mich in aller Ruhe von dir zu verabschieden. Den ganzen Vormittag bin ich noch einmal unseren gemeinsa-

men Weg durchgegangen, von Anfang an. Du weißt ja, wie wir uns kennen gelernt haben.

Ich war mit dem Auto in Kornwestheim im Industriegebiet unterwegs. Und wie der Zufall es so wollte, hatte ich dort eine Panne. Glücklicherweise kamst du in dem Moment an der Stelle vorbei und fragtest mich mit einem Lächeln, ob du mir vielleicht helfen kannst. Schon merkwürdig, wie viele Zufälle manchmal zusammenfallen. Aber beide haben wir nicht geglaubt, dass unsere Begegnung nur Zufall war.

Ich hatte dir längere Zeit verschwiegen, dass ich HIV-infiziert bin. Ich hatte Angst, dass du einen Rückzieher machst und ich dich verliere. Als ich es dir dann gebeichtet habe, war es schon zu spät. Trotzdem hast du viel Verständnis gezeigt und mich weitergeliebt. Ich weiß nicht, was ich getan hätte, wenn du mich angesteckt hättest. Vielleicht hätte ich dich umgebracht. Und du hast mich so liebevoll gepflegt, als ich krank war. Du hast mir dein Bestes gegeben, ohne etwas zurückzubekommen oder auch nur das Geringste zurückzuerwarten. Du hast mir soviel Liebe und Zärtlichkeit gegeben. Und was habe ich dir gegeben? Den Tod. Im Oktober ist die Krankheit bei dir ausgebrochen und auch die HIV-Medikamente haben nichts mehr geholfen. Im Krankenhaus habe ich jedes Mal gedacht: Da sollte eigentlich ich liegen. Denn du warst viel besser als ich. Und trotzdem musstest du gehen.

Nachmittags sind deine Mutter und deine Schwester gekommen. Die wussten gar nicht, dass es möglich ist, einen Verstorbenen bis zu 36 Stunden daheim zu lassen. Später sind auch David und Michael gekommen. Wir haben zusammen Kaffee getrunken, Kuchen gegessen. Und immer sind wir mal wieder aufgestanden, um nach dir zu schauen und haben ganz *normal* mit dir geredet, so als ob du noch gelebt hättest.

Als dann am nächsten Nachmittag die Leute vom Beerdigungsinstitut dich abgeholt haben, konnte ich dich gehen lassen. Und ich war froh, mir soviel Zeit genommen zu haben, um von dir Abschied zu nehmen.

Martin, Martin. Orgelmusik hätte zu dir nicht gepasst. Auch keine Choräle oder Kirchenlieder. Du warst schon lange aus der Kirche ausgetreten, obwohl du ein tief religiöser Mensch warst. Du hast oft von Gott gesprochen und regelmäßig mit ihm geredet. Jeden Abend hast du vor dem Einschlafen zu dem Vater im Himmel gebetet. Dir hat es noch mehr als mir wehgetan, was der Papst über uns Schwule sagt und dass die Kirche unsere Liebe als Sünde abstempelt.

Als eines der ersten homosexuellen Paare haben wir entschieden, unsere Partnerschaft eintragen zu lassen. Auf dem Rathaus haben wir uns das Ja-Wort gegeben. Kein Jaja, kein Naja, kein Jein. Nein, unser Ja war verbindlich. Ganz bewusst wollten wir uns aneinander binden. Unverbindliche Beziehungen hatten wir beide mehr als genug. Wir wollten auch in schweren Zeiten bedingungslos zusammenstehen, einander beistehen.

Wie gerne hätten wir unsere Liebe auch verbindlich vor dem Altar bezeugt und Gottes Segen für unseren gemeinsamen Weg bekommen. „Aber die Kirche segnet uns doch erst, wenn wir im Sarg liegen", hast du verbittert gesagt.

Dass es ein Leben nach dem Tod gibt, davon warst du fest überzeugt. Am 6. August hattest du auf dem Weg ins Marienhospital ein sogenanntes Nahtoderlebnis. Du hast später erzählt, dass du dich irgendwie von deinem Körper gelöst und ihn gesehen hättest, als ob du über ihm schwebtest. Du hast dich ganz erleichtert und befreit gefühlt. Begeistert hast du von dem großen, hellen Licht berichtet, das du gesehen hast. Du sagtest: „Wenn das, was ich erlebt habe, der Tod ist, ist er etwas ganz Schönes, ein wunderbares Erlebnis." Seitdem hattest du überhaupt keine Angst mehr vor dem Tod. Ich glaube auch an ein Leben nach dem Tod, aber du hast es gewusst. In diesem Bewusstsein hast du immer wieder das Lied von Mireille Mathieu gehört: „Die Sonne wartet schon hinter dem fernen Horizont." Der Tod ist nur ein Horizont, eine Grenze. Im letzten Augenblick deines Lebens hast du die Sonne hinter dem fernen Horizont gesehen, die niemals untergeht. Darum hast du so gelächelt, so himmlisch gelächelt.

Bei der Abschiedsfeier haben wir auch das Lied von Julio Iglesias gehört: „So leb dein Leben." Das war, ist dein Vermächtnis an mich: „So leb dein Leben. Leb dein Leben so, wie ich mein Leben gelebt, geliebt habe." Du hattest Lust am Leben, hast jede Minute deines Daseins ausgekostet. Das heißt nicht, dass du nicht auch sehr ernst sein konntest. Im Gegenteil. Du hast oft vom Tod gesprochen, auch in der Ich-Form. Du hast dich mit deinem Sterben sehr bewusst auseinander gesetzt. Du hast offen geredet über das, worüber man nicht spricht. Du bist deinem Tod auf Augenhöhe begegnet und hast nicht weggeschaut.

Du hast selbst die Lieder für deine Beerdigung ausgesucht, den Text für deine eigene Todesanzeige aufgesetzt: „Trotzdem bereue ich nichts." In diesem Sinne hast du dich am Ende der Trauerfeier mit dem Lied von Edith Piaf verabschiedet: „Non rien de rien, non je ne regrette rien." Nein, ich bereue nichts.

Weil du ohne Reue dein Leben so angenommen hast, wie es war, konntest du es wohl so gelassen loslassen. Du hast nicht gesagt: „Ich habe alles richtig gemacht." Nein, du hast gewusst, dass du deine Liebe mit dem Tod bezahlt hast. Und dennoch: „Trotzdem bereue ich nichts." Dieser eine Satz sagt mir mehr als ein sieben Seiten langer Liebesbrief.

Trotzdem bereue ich nichts. Wenn du wüsstest, wie mich diese Worte getröstet haben. Martin, ich habe vieles getan, was ich hinterher zutiefst bereut habe. Ich kann dir gar nicht sagen, wie leid es mir immer noch tut, dem Menschen, den ich am meisten liebe, den Tod gegeben zu haben.

Wenn ich an deiner Stelle gestorben wäre, wäre das nur gerecht gewesen. Es ist ungerecht, dass du als erster hast gehen müssen. Wenn wir wenigstens zusammen hätten sterben können, Hand in Hand, das wäre es doch gewesen. Dann müsste ich jetzt nicht mit dem Gefühl weiterleben, an deinem Tod schuld zu sein. Du weißt nicht, wie schwer, diese Last drückt, wie oft sie mich fast erdrückt.

Du wirst mir sagen: „Jetzt hör doch endlich auf, dich mich deinen Selbstvorwürfen zu quälen. Ich will nicht, dass du in deinen Schuldgefühlen versinkst. Leb dein Leben. Geh deinen Weg weiter ohne mich. Ich weiß, dass du mich nicht vergessen wirst."

Wie soll ich dich denn vergessen können?! Du warst doch der Mensch, durch den ich erfahren habe, dass Liebe mehr ist als ein Wort. Lange Zeit konnte das Wort *Liebe* nicht mehr hören. Zu oft schon hatte ich das Wort gehört. Und jedes Mal wurde ich enttäuscht, durch einen beliebigen anderen ausgetauscht.

Du hast mir das Wesen der Liebe erst eröffnet, gezeigt, was wahre Liebe ist. Nicht mit Worten. Was hast du mir zuliebe nicht alles ausgehalten! Den anderen so lieben, wie er ist, auch mit seinen weniger guten Seiten, seinen Fehlern und Schwächen. Du hast mich ganz geliebt, so wie ich war, nicht so wie ich sein sollte. Du hast mir gezeigt: Ich mag sein, wie ich will, aber ich werde geliebt. Ich bin es wert, geliebt zu werden. Diese Liebeserfahrung war für mich die schönste Lebenserfahrung. Von dir habe ich mich ganz geliebt gefühlt, ohne Vorbedingung. In deiner

Liebe ist Gottes bedingungslose Liebe zum Vorschein gekommen. Er liebt mich ohne Wenn und Aber.

Ich habe lange Zeit gebraucht, um mich mit meiner Homosexualität annehmen zu können. Ich habe mein Schwulsein 20 Jahre unterdrückt. Eine Zeit lang habe ich versucht den *normalen* Weg zu gehen und hatte eine Freundin. Bis ich gemerkt habe, das hat keinen Sinn. Du hast aus deinem Schwulsein nie einen Hehl gemacht. Du standest offen dazu. Und wenn jemand damit ein Problem hatte, das war dann sein Problem. Du warst in vielen Dingen anders als ich, genau das Gegenteil von mir.
Aber Gegensätze ziehen sich an, ergänzen sich. Du warst viel aktiver als ich. Du bist auf die Menschen zugegangen, hast gleich Kontakt mit ihnen aufgebaut. Ich bin eher kontaktscheu, etwas schüchtern. Durch dich bin ich offener geworden. In deiner Nähe habe ich mich so wohl gefühlt. Wir schwebten zusammen im siebten Himmel. Aber wir haben auch das Leid miteinander geteilt. Geteiltes Leid ist halbes Leid. Ohne dich fehlt mir die Hälfte. Du warst ein Teil von mir, mein Gegenteil. Seit deinem Tod habe ich oft das Gefühl, dass ich nur noch ein halber Mensch bin. Aber du weißt ja, eines Tages kommen wir wieder zusammen und dann sind wir wieder eins. *Die Sonne wartet schon hinter dem fernen Horizont.*

Warum?

Du, Gregor, gestern Abend gab es im Fernsehen eine Diskussion zum Thema „Mein Tod gehört mir." Mit am Tisch saß auch ein Mann des Schweizer Vereins Dignitas, der sich für Sterbehilfe und Freitodbegleitungen anbietet. Dabei ging es nicht nur um unheilbar Kranke, denen das Recht auf den eigenen Tod zustünde. Nein, jeder Mensch habe grundsätzlich das Recht, seinem Leben selbst ein Ende zu setzen. Nicht einmal die Beihilfe zum Suizid sei strafbar. Es wurde auch darauf hingewiesen, dass die Selbsttötung nirgendwo in der Bibel ausdrücklich verboten würde.

Ich habe mich gefragt, ob den Befürwortern die Wörter „selbstbestimmt" und „freiwillig" auch so leicht über die Lippen gekommen wären, wenn sich in ihrer Familie jemand das Leben genommen hätte. Wer selbst betroffen ist, sieht manches anders. Du verstehst sicher, was ich meine.

Mein Tod gehört mir. Gehört mein Leben mir? *Gehören*, was heißt das? Hast du mir gehört? Einige Freunde und Bekannte haben uns sehr übel genommen, dass wir nur im engsten Familienkreis von dir Abschied genommen haben. Zwar haben sie durchaus Verständnis dafür gehabt, dass wir unter uns sein wollten, aber sie hätten auch das Bedürfnis gehabt, sich von dir zu verabschieden. Schließlich hättest du nicht nur der Familie gehört.

Ich hatte den Pfarrer gebeten, es nicht zu erwähnen. So hat er bei der Trauerfeier von einem tragischen Unfall gesprochen, aber

das war eigentlich lächerlich. Denn die Anwesenden wussten ja Bescheid. Und auch im Ort war längst bekannt, was passiert war. Ja, wäre dein Tod nur ein tragischer Unfall gewesen. Dann wäre mir die Scham erspart geblieben. Dann hätte ich nicht die Schande des Selbstmordes ertragen müssen. Wenn du bei einem Verkehrsunfall ums Leben gekommen wärst, hätte ich nicht immer schön drum herum reden müssen, woran du eigentlich gestorben bist. Weil es eben kein tragischer Unfall war, hat mich allein schon die Frage „Wie geht's?" in Verlegenheit gebracht. Ich traue mich immer noch kaum unter die Leute. Auch wenn sie mich nicht darauf ansprechen, weiß ich doch, wie hinter meinem Rücken getuschelt wird. Andere wieder heucheln Mitleid. Ja, es gibt auch welche, die aufrichtig Anteil nehmen. Aber auch die gut gemeinten Worte tun weh. Ich weiß, wie du dich fühlst. Ich habe das auch durchgemacht, sagt mir Monika, deren Mann damals ins Wasser gegangen ist. Sicher versteht sie mich besser als andere, die so etwas gar nicht nachvollziehen können. Aber jeder Mensch fühlt, empfindet doch anders. Da kann niemand sagen: Ich weiß, wie du dich fühlst.
Wenn du tödlich verunglückt wärst, hätte ich mir nicht immer wieder Vorwürfe machen und mich fragen müssen: Was habe ich falsch gemacht? Dann hätte ich anderen die Schuld geben können. Ach, wärst du doch bei einem Autounfall ums Leben gekommen! Dann hätte ich eine schöne Todesanzeige aufgegeben können mit einem passenden Spruch. Aber zu deinem Fall hat kein Spruch gepasst, schon gar kein frommer. Höchstens ein Wort hätte gepasst: Warum?
Aber es gab keine Todesanzeige, keine normale Trauerfeier, keine schönen Worte auf der Blumenschleife: „In großer Dankbarkeit" ... Von wegen Dankbarkeit. Voller Wut saß ich vor dei-

nem Sarg. Und ich habe dich auch gehasst, ja gehasst. Warum hast du das getan, uns das angetan? Wie konntest du mich so sitzen lassen? Ein tragischer Unfall wäre es gewesen, wenn du bei einem Gewitter in deinem Auto von einem herabstürzenden Baum erschlagen worden wärst. Dann hätte ich sagen können: Das Schicksal hat es so gewollt. Nun aber hast du es so gewollt. Du und niemand anders.

Du bist auf den Speicher gegangen. Du bist auf den Stuhl gestiegen. Du hast dir das Seil, das du dir besorgt hattest, um den Hals gelegt. Du hast dich erhängt. Und trotzdem habe ich die Last der Schuld zu tragen. Und auch die Kinder machen mir Vorwürfe. Ich hätte ja mit dazu beigetragen, dass es überhaupt so weit gekommen ist. Ja, ich weiß. Ich bin an allem schuld. Ich bin schuld, dass ich dich nicht davon abhalten konnte. Ich bin schuld, dass du das Leben nicht geliebt hast. Ich bin schuld, dass du immer wieder davon gesprochen hast, deinem Leben ein Ende zu setzen. Ich bin schuld, dass ich dir irgendwann entgegnet habe: „Dann mach's doch endlich und sprich nicht nur davon!“ Ich weiß: Das hätte ich nicht sagen dürfen. Das war ein großer Fehler. Habe ich dich damit in den Tod getrieben? Bin ich wirklich schuld? Aber ich konnte es nicht mehr hören, dass du immer wieder vom Schlussmachen gesprochen hast. Verstehst du das?

Eine Zeit lang hast du auch nicht mehr davon geredet. Seit mindestens sechs Monaten war Suizid kein Thema mehr. Dabei hattest du wohl längst den Entschluss gefasst, aber du hast dir nichts anmerken lassen. Auch deine Arbeitskollegen hatten nichts bemerkt. Du hast auch im Betrieb weiterhin deine Späßchen gemacht. Du hast bis zuletzt deine Rolle weitergespielt, deine Probleme überspielt und uns allen vorgespielt, dass mit dir alles in Ordnung ist. Und als dann bekannt wurde, was geschehen war, waren alle zutiefst geschockt, fassungslos. Das gibt's doch nicht. Das waren auch meine Worte, als ich dich auf dem Dachboden fand. Das gibt's doch nicht. Und doch hingst du da, erhängt.

Ich habe mich schon oft gefragt: Wenn du dir schon das Leben nehmen wolltest, warum hast du es dann nicht irgendwo anders getan? Hast du denn nicht daran gedacht, was es für mich bedeutet, weiterhin unter diesem Dach zu leben? Seit es passiert ist, war ich nicht mehr auf dem Speicher. Mir ist es im Schlafzimmer schon unheimlich genug, wenn ich daran denke, dass du über mir ...

Vielleicht wirst du sagen: Was hätte ich denn sonst tun sollen? Hätte ich mich vor den Zug legen sollen und mit meinem Tod noch andere belasten? Hätte ich in den Wald gehen sollen, sodass ein ahnungsloser Spaziergänger mich an einem Baum hängen sieht? Hätte ich aus dem Fenster von einem Hochhaus springen und den Passanten diesen Anblick zumuten sollen? Hätte ich mich in einem Hotelzimmer ins Bad legen und mir die Pulsadern durchschneiden sollen? Denk doch mal an das Zimmermädchen. Ach, wie rücksichtsvoll von dir, dass du an alle diese fremden Menschen gedacht hast. Aber mir, deiner Ehefrau, hast du sehr wohl zugemutet, dass ich dich auf dem Speicher finde. Weißt du, was für ein Anblick das war? Niemals werde ich dieses Bild aus meinem Gedächtnis löschen können.

Sicher, wenn du dich erschossen hättest, wäre der Anblick noch viel schrecklicher gewesen. Aber dazu warst du wohl zu feige. Doch war es nicht auch feige, dich so aus dem Staub zu machen, statt sich den Problemen zu stellen? Und wenn schon, du hättest doch eine bessere Problemlösung finden können. Zum Beispiel

Tabletten nehmen. Wie damals vor fünfzehn Jahren, als du es schon einmal versucht hattest. Da waren die Kinder noch klein, und sie wissen bis heute nichts davon. Als ich dich damals im Krankenhaus besucht habe, sagte ich dir: „Es ist alles nochmal gut gegangen." – „Für wen?" hast du mich gefragt und hinzugefügt: „Es kommt immer auf die Perspektive an, mit der jemand die Dinge sieht." Auf jeden Fall war ich damals froh, dass du gerettet wurdest. Stell dir vor: Ich wäre da gestanden mit unseren drei kleinen Kindern. Nicht auszudenken.
Ich weiß auch noch gut, was der Arzt mir damals gesagt hat. „Das Leben ist manchmal eine schwere Last für ihren Mann. Er trägt eine depressive Grundstimmung in sich, sieht die Dinge durch eine dunkle Brille. Die Schwermut legt sich wie eine Schlinge um seine Seele. Darum kostet es ihm viel Kraft, das Leben zu bestehen. Aber das kann rückgängig gemacht werden. Jeder kann wieder zurück ins Leben finden." Das waren die Worte des Arztes damals. Und so habe ich versucht dir eine Stütze zu sein und dir Kraft zu geben.
Dabei habe ich mich selbst manchmal ganz schwach gefühlt und überfordert. Glaub nur nicht, dass ich immer alles durch die rosa Brille gesehen habe. Auch ich habe in meiner Seele oft tiefe Trauer gespürt. Trotzdem habe ich niemals daran gedacht, meinem Leben ein Ende zu setzen. Vielleicht auch weil ich weiß: Gott hat mir das Leben gegeben. Ich darf es mir nicht nehmen. Oder war ich noch nie so verzweifelt, dass ich auf diesen Gedanken gekommen wäre?
Hast du wirklich so unter der Last des Lebens gelitten, dass du nur noch diesen Ausweg gesehen hast, um dich von deinem Leid zu befreien? Hat die Schlinge deine Seele so erdrückt, dass du geglaubt hast, keine andere Wahl mehr zu haben, als dir den

Strick um den Hals zu legen? Warst du mit deiner Kraft wirklich völlig am Ende? Ich kann es kaum glauben. Denn um die Treppen zum Speicher hinaufzugehen und auf den Stuhl zu steigen, braucht es doch auch viel Kraft, unendlich viel Kraft.

Und was ich immer noch nicht verstehe, ist, dass du nicht daran gedacht hast, was du uns mit diesem Tod antust. Durch deine Verzweiflungstat hast du doch auch uns in eine verzweifelte Situation gebracht. Wie konntest du nicht daran denken? Du hättest doch wissen müssen, dass dein Tod auch uns zugrunde richtet. Wir waren die Opfer deines Selbstmordes. Mit deiner Selbsttötung hast du uns mit umgebracht. Oder hast du nicht an uns gedacht, weil du es sonst nicht hättest tun können? Du hast wohl nur an deine Erlösung gedacht, die der Tod dir bringt. War das Leben denn für dich nur noch eine Qual, dass du es nicht mehr aushalten konntest? War ich denn so schwer zu ertragen? War denn unsere Ehe für dich die Hölle? Gut, wir haben uns oft in die Haare gekriegt. Wir haben viele dunkle Täler durchschritten, aber dazwischen doch auch sonnige Gipfel erklommen. Im Urlaub bist du oft richtig aufgeblüht. Es gab Zeiten, da war von einer Depression nichts zu merken. Du hast herzerfrischend gelacht, warst einfach gut drauf. Gewiss gab es auch Phasen, in denen dir das Leben schwer gefallen ist. Aber du warst oft auch stark, stärker als ich. Du hast von heute auf morgen mit dem Rauchen aufgehört. Auch dein Alkoholproblem hast du aus eigener Kraft in den Griff bekommen.

Ich frage mich immer noch, ob es nicht etwas gegeben hat, wovon ich nichts gewusst habe, nichts wissen durfte? Warst du vielleicht unheilbar krank? Hattest du Aids? Hattest du ein Verhältnis mit einer anderen und wusstest nicht mehr weiter? Aber deshalb wirft man doch sein Leben nicht weg! Hast du wirklich keinen Sinn mehr in deinem Leben gesehen? Du hättest uns doch wenigstens einen Abschiedsbrief hinterlassen und uns mitteilen können, was dich zu diesem Entschluss bewogen hat. Aber nichts, kein Wort. Kein einziges. Und so tappen wir weiterhin im Dunkeln und fragen immer noch und immer wieder nach dem Warum. Warum warst du so verzweifelt, dass du keinen anderen Ausweg mehr gesehen hast, als in den Tod zu gehen? Und warum denn gerade im Frühling, wo das Leben aufblüht? Das hätte dir doch neue Kraft geben sollen. Oder hat es dich noch mehr bedrückt, dass du am blühenden Leben nicht teilnehmen konntest?

So viele Fragen hast du zurückgelassen. Fragen, die für immer offen bleiben werden. Oder war schon deine Geburt die Antwort auf alle Fragen? Deine Mutter hat erzählt, dass es eine ganz, ganz schwere Geburt war und du nicht auf diese Welt wolltest. Du hättest dich mit aller Gewalt gewehrt. Offenbar wolltest du von Anfang an nicht leben. Wolltest du nicht, oder konntest du nicht? Hat dir von Geburt an die Kraft gefehlt? Wenn es so war, dann muss ich dich eigentlich bewundern, dass du trotzdem die Kraft aufgebracht hast, 54 Jahre lang zu leben.

Hast du uns zuliebe solange durchgehalten? Ja, wenn ich es aus *der* Perspektive betrachte, sieht manches anders aus. Und dann kann ich dir auch nicht mehr böse sein.

Dann frage ich mich auch, ob es tatsächlich nicht besser wäre, Menschen wie dir beim Suizid zu helfen, damit sie in Frieden einschlafen können. Das wäre auf jeden Fall würdiger, als sich vor den Zug zu werfen, aus dem Fenster zu stürzen, sich die Pulsadern aufzuscheiden oder sich auf dem Speicher zu erhängen. Das hat auch der Mann von Dignitas gestern Abend bei der Fernsehdiskussion gesagt. Und trotzdem bleibt die Frage „Warum?“

Warum sind manche in jungen Jahren schon lebensmüde und warum sind andere bis ins hohe Alter so lebenshungrig, dass sie nicht satt werden? Warum tragen manche eine dunkle Brille und warum sehen andere das Leben in rosa Farben? Warum kämpfen manche bis zum letzten Atemzug gegen den Tod an und warum sehnen andere ihn herbei. Warum? Sag du mir: Warum?

Von dir konnte ich nicht Abschied nehmen

Jürgen, du hast heute Geburtstag. Das heißt: Du hattest. Ja, ich muss lernen, in der Vergangenheit zu reden. Denn die Gegenwart ist vergangen, kehrt nie wieder. 29 Jahre wärst du heute geworden. Ich habe dir ein paar Blumen mit ans Grab gebracht. „Herzlichen Glückwunsch" kann ich schlecht sagen. „Herzliches Beileid" passt auch nicht. Sicher tust du mir leid, dass du so jung gestorben bist. Aber vielleicht möchtest du gar nicht mehr zurück auf die Erde und bist ganz glücklich dort, wo du jetzt bist. Ja, wenn ich das wüsste, wäre vieles leichter.

Heute vor 29 Jahren bist du um halb fünf nachmittags geboren, es war eine schwere Geburt. Insgesamt habe ich 17 Stunden gebraucht, um dich zur Welt zu bringen. Aber als ich dich dann in den Armen hielt, waren die schrecklichen Wehen und Schmerzen vergessen.

Wie hast du mich als Baby schon angelacht! Über dein ganzes Gesicht hast du gestrahlt! Du warst mein Sonnenschein. Dein Lachen war so frisch und echt. Es kam aus deinem tiefsten Innersten. Von dir ging Wärme aus. Ich kann dir gar nicht sagen, wie sehr ich dich vermisse. Ohne dich ist es mir oft kalt ums Herz.

Du warst es, der mir geholfen hat, den Scheidungskrieg zu überstehen. Auch für euch Kinder war das eine schlimme Zeit. Nachdem dein Vater uns verlassen hatte, hast du mich jeden Morgen und jeden Abend gefragt, ob der Papa heute zurückkommt. Und jedes Mal musste ich antworten: „Nein, der Papa kommt heute nicht zurück." „Dann aber morgen!", hast du gesagt. Und am nächsten Tag hast du morgens beim Frühstück wieder gefragt: „Mama, kommt heute der Papa zurück?" Und wieder habe ich dir geantwortet, dass der Papa heute nicht zurückkommt. Eines Tages hast du dich vor die Tür gesetzt und voller Trotz gesagt: „Ich bleibe so lange hier sitzen, bis mein Papa wieder da ist." Ja du, ich war damals auch wütend auf deinen Papa, der uns drei wegen einer anderen sitzen ließ.

Wenn er damals gestorben wäre, hätte mir das nicht so wehgetan als ihn an eine andere zu verlieren. Und was mich auch ganz tief verletzt hat, war sein Versuch, die Unterhaltszahlungen zu drücken. Wie oft habe ich Schreiben von seinem Anwalt bekommen. Dabei hat er genau gewusst, wie wenig wir zum Leben haben. Nein, das kann ich ihm nie verzeihen. Die Wunde blutet immer noch.

Bei der Trauerfeier saßen er und ich vorne in der ersten Reihe. Aber ein Stück weit auseinander. Du warst in der Mitte, zwischen uns beiden. Das hat mich so an deine Konfirmation erinnert. Da hast du auch nicht gewusst, wo du hingehörst. Nach dem Gottesdienst standest du buchstäblich zwischen meiner Familie und seiner Clique. Zuerst bist du mit uns zum Mittagessen mitgekommen, nachmittags bist du dann zum Kaffee und Kuchen zu den anderen gegangen.

Beim Kaffee nach deiner Trauerfeier saßen wir auch nicht beieinander. Wir haben zwar anstandshalber ein paar Worte miteinander gewechselt, aber das war auch alles.

Nach deinem Tod fühle ich mich richtig einsam. Solange du noch gelebt hast, war alles noch ganz anders. Jetzt sagt niemand mehr *Mama* zu mir. Du weißt nicht, wie sehr mir das fehlt. Du warst der letzte, der mich *Mama* genannt hat. Und nun habe ich auch dich noch verloren – zwei Jahre nach Gabys Tod.

Gaby war schwer krank. Du weißt, was sie hatte. Sie war nur noch Haut und Knochen und das mit 31 Jahren. Es hat mir so wehgetan, sie so liegen und leiden zu sehen. Und dann dieses Röcheln. Ich konnte es nicht mehr hören.
Ihr Tod war wirklich eine Erlösung. Trotz aller Trauer war ich auch erleichtert, dass sie erlöst war. Du weißt, Gaby ist elend gestorben. Ja, sie ist krepiert. Und trotzdem, das mit dir war viel schlimmer. Über deinen Tod komme ich nicht hinweg. Von dir konnte ich nicht Abschied nehmen.
Im Krankenhaus wurde mir zwar auch nicht viel Zeit gelassen, um mich von Gaby zu verabschieden. Das Bett musste wieder belegt werden. Aber in den letzten Wochen vor ihrem Tod konnte ich ihr noch meine Liebe zeigen. Ich habe mit ihr geredet, ihr noch etwas Liebes gesagt. Manchmal habe ich sie auch nur ein wenig gestreichelt. Und beim Weggehen habe ich mich jedes Mal so verabschiedet, als sei es das letzte Mal. Jeden Tag hat Gaby sich einen Schritt weiter von mir, vom Leben entfernt. Und als sie dann ganz gegangen war, konnte ich sie auch gehen lassen.
Nach Gabys Tod warst du mein Ein und Alles. Du hast mir geholfen, die Trauer zu tragen. Du warst sehr feinfühlig und hast immer gespürt, wann ich nicht reden möchte. Manchmal habe ich nur noch geweint und du hast mich gehalten.
Jürgen, ich konnte dir gar nicht sagen, wie viel Angst ich hatte, auch dich noch zu verlieren. Allein an Ostern sind in diesem Jahr 12 Motorradfahrer tödlich verunglückt. Ich weiß, du warst kein Raser. Aber trotzdem hatte ich eine wahnsinnige Angst. Ich habe sie unterdrückt, aber nachts ist meine Angst im Traum

hochgekommen. Es waren Alpträume, die alle mit deinem Tod zu tun hatten. Schreiend bin ich aufgewacht. Und als es dann passiert war, habe ich gedacht: Du träumst. Es ist nur ein böser Traum. Jürgen ist nicht tot. Er wird jeden Moment zur Tür hereinkommen.

Immer wieder habe ich den letzten Tag deines Lebens vor Augen. Es war der Dienstag. Wir hatten zusammen noch zu Mittag gegessen. Du hattest noch gesagt: „Mama, ich komme um halb acht und bringe dir die Getränke hoch."

Und dann hat es nachmittags um halb fünf an der Tür geklingelt. Zwei Herren haben mich gefragt, ob ich die Mutter von Jürgen sei. Bald wusste ich, was passiert war. Aber glauben konnte ich es nicht. Das darf doch nicht wahr sein! Wie oft habe ich das gesagt. Ich konnte, wollte es nicht wahrhaben. Aber es war wahr! Du warst für immer davon gefahren – mit deiner Kawasaki. Dieses Motorrad, an dem dein Herz so hing, ist dir zum Verhängnis geworden ist. Motorrad fahren, deine große Leidenschaft, hat bitteres Leid über deine Lieben gebracht. Das ist tragisch. Tröstlich ist trotzdem, dass du bis zum letzten Augenblick deines Lebens das getan hast, was du so gerne tatst: Motorrad fahren. Dabei warst du völlig unschuldig an dem Unfall. Der Mann, der dir entgegenfuhr, hatte nicht gesehen, dass du abbiegen wolltest. Das hat mich zunächst wütend auf den Mann gemacht. Aber wenn ich am Steuer sitze, bin ich manchmal auch ganz woanders. Ich glaube, so etwas kann jedem passieren.

Dein Tod hat mich viel schwerer getroffen als der von Gaby. Nicht, dass ich sie nicht auch geliebt hätte. Nein, das ist es nicht. Aber ihre Krankheit führte unvermeidbar zum Tod. Dagegen wäre dein Unfall vermeidbar gewesen. Es wäre nichts passiert, wenn der Mann besser aufgepasst hätte. Ein paar Sekunden früher oder später wäre es wohl nicht zu dem Zusammenstoß gekommen.

Vielleicht war es eine Fügung des Schicksals, dass du im falschen Augenblick an der Stelle warst. Oder ist es Gott selbst, der Schicksal spielt? Ist er es, der verfügt, wer, wann, wo, wie sterben muss? Dann soll dieser Gott mir doch bitte einmal sagen, warum er mir beide Kinder in so jungen Jahren genommen hat! Und dann soll ich diesem lieben Gott noch danken, ihn loben und preisen? Nein danke, das kann ich nicht. Ich bin nicht so eine wie unsere Nachbarin Petra, die jeden Sonntag in die Kirche rennt. Weißt du, was die mir mit ihrer Kirchenchorstimme gesagt hat? „Der frühe Tod deiner beiden Kinder zeigt, dass Gott sie ganz lieb hat!" „Wenn es so wäre, wäre es mir lieber, dass er sie nur halb so lieb gehabt hätte!", habe ich ihr geantwortet. Die ist doch wohl nicht recht bei Trost, mir so etwas zu sagen.

Du glaubst nicht, was für blöde Sprüche manche Leute auf Lager haben. Statt dass sie Trauernde trauern lassen, glauben sie dich trösten zu müssen. Verstehen sie denn nicht, dass es beim Tod eines geliebten Menschen keinen Trost gibt? Nichts kann mich in meiner Traurigkeit trösten.

Oder soll ich mich damit trösten, dass es noch Schlimmeres gibt? Ja, das gibt es! Dazu brauche ich nicht einmal bis in den Irak zu fahren. Heute früh kam im Radio, dass in Bruchsal auf der B 10 ein 20-jähriger Mann zusammen mit seiner 24-jährigen Schwester unter einen LKW gekommen ist. Beide waren auf der Stelle tot. Ich weiß, wie es ist, auf den Sarg eines Kindes zu schauen. Wenn ich an die Mutter denke, die vor den

Särgen ihrer beiden Kinder sitzt, wird es mir schlecht. Und dann muss sie sich noch die salbungsvollen Worte eines Herrn Pfarrer anhören. Nein, das tue ich mir nicht mehr an. Du weißt, wie der Pfarrer bei Gabys Trauerfeier uns über ihren Tod hinwegzutrösten versucht hat. Am liebsten hätte ich mir die Ohren zugehalten. Oder „Aufhören! Aufhören!" geschrieen. Gaby hatte auch so einen komischen Konfirmandenspruch: „Des Herrn Rat ist wunderbar und führet es herrlich hinaus." Das steht wohl irgendwo beim Propheten Jeremia. Wie der Pfarrer über diesen Spruch gepredigt hat, das hat mir den Rest gegeben.
Bei dir gab es keine kirchliche Trauerfeier. Ich hoffe, dass du mir das nicht übel nimmst. Aber ich lasse mich nicht mit frommen Sprüchen abspeisen, nicht mit Bibelversen trösten. Ich bin untröstlich. Ich ertrage diese billigen Vertröstungen nicht. Warum nehmen die Pfarrer den Mund so voll? Nur eines könnten sie sagen: Gott schweigt.

Mehr als Worte sagt ein Lied: „Nur die Besten sterben jung" haben die Bösen Onkelz bei deiner Trauerfeier lautstark durch die Trauerhalle geschrieen. „Nur die Besten sterben jung, sag mir warum." Dein Freund Klaus wollte dir dieses Lied zum Abschied schenken. Du warst für ihn der Beste. Der böse Song hat der frommen Petra wohl nicht gefallen. Dabei singen sie eigentlich nichts anderes als das, was sie selbst glaubt. Wen die Götter lieben, den holen sie zuerst. Wenn das stimmt, brauchen wir uns nicht wundern, dass die Welt so schlecht ist.

Nach Gabys Beerdigung hast du gesagt: „Wenn mit mir einmal was ist, dann möchte ich eingeäschert werden. Ich will nicht an die Erde gebunden bleiben, sondern mich schnell von hier unten lösen." Nun bist du dort oben. Wenn ich zu den Sternen schaue, fühle ich mich dir näher als hier unten an deinem Grab.

Ich finde es nur schade, dass die kleinen Lichter nicht größer sind. Weißt du noch, wie ich dir vor vielen, vielen Jahren einmal eine Geschichte vorgelesen habe? „Woher kommen die Sterne?", fragte ein kleiner Junge einen alten Indianer. „Der große Gott hat mit einer Nadel Löcher in das Himmelszelt gestochen", antwortete der alte Mann. „Warum hat er das getan?", wollte der Junge wissen. „Damit die Menschen ein wenig vom goldenen Glanz des Himmels sehen können", sagte der alte Indianer. „Wie schade, dass der große Gott die Löcher nicht größer gemacht hat."

Ja, es ist schade, dass wir von hier unten nicht mehr sehen können. Denn die kleinen Lichter am Firmament zeigen mir ein ganz klein wenig vom goldenen Glanz der anderen Welt. Wenn ich die Sterne anschaue, habe ich das Gefühl, dass du durch irgendeines dieser kleinen Fenster zu mir hinunterschaust und so Verbindung mit mir hältst. Ich höre dich die Worte vom kleinen Prinzen sagen: „Und wenn du bei Nacht zum Himmel schaust, wird es dir sein, als lachten alle Sterne, weil ich auf einem von ihnen wohne, weil ich auf einem von ihnen lache." Ja, du hast gut lachen, während mein Herz immer noch voller Trauer ist. Trotzdem begleitet ein Lächeln meine Tränen, wenn ich zum Himmelszelt hinaufschaue und sehe, dass dein Licht drüben weiterleuchtet. „Du allein wirst Sterne haben, die lachen können." Manchmal sehe ich dich auf einem Stern sitzen und höre dich laut lachen.

Mein lieber Jürgen! Heute wärest du 29 Jahre geworden. So gerne hätte ich deinen Geburtstag mit dir gefeiert. Trotzdem stoße ich heute mit dir an. Der Piccolo steht schon im Kühlschrank. Und ich werde auch heute Abend wieder zum Himmel hinauf schauen. Sterne trinken, nennen das Chinesen. Ja, ich nehme jeden Abend einen kräftigen Schluck Himmel zu mir. Dann schlafe ich gut, während du über mich lachst.

Du musst mir helfen

Wenn ich zu dir ans Grab gehe, komme ich immer bei Günther vorbei. Er ist der erste in der Reihe. Du warst damals bei seiner Beerdigung dabei und hast dich maßlos über den Pfarrer aufgeregt. Der hatte uns an Günthers Grab aufgefordert, für denjenigen aus unserer Mitte ein Vater unser zu beten, der ihm als Erster folgen wird. „Das ist doch eine Frechheit", hast du gesagt. „Kaum ist einer im Grab, sollst du schon an den Nächsten denken." – „Ja, das ist bei uns Katholiken so üblich", habe ich geantwortet. „Ein Grund mehr, dass ich froh bin, nicht katholisch zu sein", war dein Kommentar. Auch wenn wir nicht weiter darüber geredet haben, war mir schon klar, warum dich das so aufgeregt hat. Du hast damals schon schlecht ausgesehen und einige haben gewusst, dass du Krebs hast. Die Worte des Pfarrers, für denjenigen unter uns zu beten, der als Erster Günther vor das Angesicht Gottes folgen wird, müssen dich besonders getroffen haben. Du hast dich angesprochen gefühlt und gemeint, dass auch die anderen dabei an dich denken. Jeder kann aber der Nächste sein. Eine Woche nach Günther ist Martha gestorben. Lungenembolie. Weg war sie, obwohl sie nicht krank war und um einiges jünger als du. Kurt, ich finde diesen katholischen Brauch gut, auch wenn, ja gerade weil wir nicht daran erinnert werden wollen, dass wir sterben müssen. Am Grab eines anderen aber kommt uns der Gedanke an den eigenen Tod ein Stück näher. An Günthers Grab hast du dich schon in der Grube gesehen.

Und als du schon mit einem Bein im Grab standest, haben wir über alles geredet, nur nicht *darüber*. Auch wenn die Chemo und die Bestrahlung nichts gebracht haben, hast du immer noch geglaubt, dass du wieder gesund wirst. Innerhalb weniger Monate hattest du mehr als 20 Kilo abgenommen. Aber das wolltest du nicht sehen. Du warst blind, hast die Realität ausgeblendet. Du hast unseren nächsten Urlaub geplant und davon gesprochen, was du in der Wohnung noch alles verändern willst. Und ich habe mitgemacht, mitgespielt. Ich konnte, wollte dir ja die Hoffnung nicht nehmen. Nein, das habe ich nicht übers Herz gebracht. Ich konnte mit dir doch nicht über den Tod reden, wo du so fest davon überzeugt warst, dass alles wieder gut wird. Und das Verrückte war: Ich habe selbst auch nicht geglaubt, dass du stirbst. Tief in mir habe ich es zwar gewusst, aber ich habe es nicht wahrhaben wollen. Wir haben es beide verdrängt, an den Rand geschoben. Aber was hätten wir denn tun sollen? Den ganzen Tag über das reden, was unausweichlich auf uns zukam? Ich durfte nicht einmal deine Krankheit ansprechen, und schon gar nicht beim Namen nennen. Das Wort *Lungenkrebs* ist kein einziges Mal gefallen. Du hast nur von der *Sache* gesprochen. Und als deine Tochter dich fragte: „Papa, was hast du denn?“, hast du ihr geantwortet: „Ich hab es.“ Ohne weiter nachzufragen, war ihr klar, was es war.

Wenn du Darmkrebs oder einen anderen Krebs gehabt hättest, wäre manches vielleicht anders gewesen. Aber dass du diese *Sache* hattest, nein, das konntest du nicht annehmen. Dabei hast du selbst gewusst, dass du zu viel, viel zu viel geraucht hast. Du hast zwar immer wieder versucht aufzuhören und es auch eine Zeit lang geschafft. Einmal hast du fünf Jahre lang keine Zigarette mehr angefasst. Bis das mit unserem Enkel passiert ist. Da war deine erste Reaktion: Jetzt brauche ich eine Zigarette. Und von dem Augenblick an hast du immer mehr gebraucht. Du hast sie verschlungen, deine Lungenbrötchen, deine Sargnägel. Und als du dann endlich wieder aufgehört hast, war es schon zu spät, viel zu spät.

Kurt, als mein Vater an Leberzirrhose starb, hast du gesagt: „Selbst schuld!" Das war ein hartes Urteil, das du da gefällt hast. Jetzt ist es auf dich selbst zurückgefallen. Selbst Schuld! Auch wenn es stimmt, so etwas sagt man nicht. Man denkt es höchstens. Selbst Schuld! „Die selbst gebastelten Kreuze sind am schwersten", höre ich unseren Herrn Pfarrer immer noch sagen. Ja, die sind besonders schwer zu tragen. Und sie werden noch schwerer durch das ewige „Hätte ich doch ..." Die Selbstvorwürfe machen alles nur noch schlimmer, auch wenn sie noch so berechtigt sein mögen. Du hast dir die *Sache* nicht verzeihen können. Ich glaube, dass du deshalb auch so ein schwieriger Patient warst. Weil du eine Wut auf dich selbst hattest, hast du sie oft an mir ausgelassen. Ich konnte tun was ich wollte, ich konnte es dir nicht recht machen. Die Suppe war entweder zu dick oder zu dünn, zu heiß oder zu kalt. Immer hast du ein Haar in der Suppe gefunden. Auch vor deiner Krankheit hast du schon gerne gemosert. Aber auch als Meckerfritze warst du noch lieb. Doch durch deine Krankheit bist du manchmal richtig böse geworden. Mit bissigen Bemerkungen und gemeinen Worten hast du um dich geschlagen. In den letzten Tagen deines Lebens hast du sogar ein paar Mal kurzerhand richtig zugeschlagen. Und ich war diejenige, die alles abbekommen hat.
Als du im Krankenhaus lagst, hat dein Bettnachbar mir einmal gesagt: „Ihr Mann ist so ein netter Kerl. So zuvorkommend, und

auch die Schwestern haben ihn gerne. Er ist immer zu einem Späßchen aufgelegt. Doch sobald Sie durch die Tür hereinkommen, ist er wie umgedreht, nicht mehr zuerkennen." Ja, das hat er gesagt, Kurt. Warum warst du mir gegenüber denn so anders? Was war es denn, warum du so aggressiv gegen mich warst? Ich war es doch, die versucht hat, dein Leid zu lindern. Warum habe denn gerade ich deine Aggressionen so heftig zu spüren bekommen? Das habe ich auch unseren Arzt gefragt. Er hat gemeint, ich dürfe das alles nicht so persönlich nehmen. Die meisten Kranken seien aggressiv, weil sie sich nicht damit abfinden können, dass sie sterben müssen.
Ich habe mich oft gefragt, wie es wohl gewesen wäre, wenn ich an deiner Stelle da gelegen hätte. Hätte ich dann auch auf dir herumgehackt? Vielleicht hätte ich dir auch den Satz gesagt, den ich von dir so oft zu hören bekam: „Du hast gut reden." Es wäre mir sicher auch schwer gefallen, so auf mich selbst zurückgeworfen zu sein und den eigenen Verfall mit anzusehen. Ich weiß nicht, ob ich fähig wäre, dem Tod ins Gesicht zu sehen. Vielleicht wäre in mir Neid aufgekommen, wenn ich wüsste, dass ich sterben muss und du weiterleben kannst. Aber auch wenn ich dich noch so sehr beneidet hätte, kann ich mir nicht vorstellen, dass ich so wüst zu dir gewesen wäre. Schließlich haben wir einander doch versprochen, Freud und Leid miteinander zu teilen und selbst in schweren Zeiten zusammenzustehen, bis dass der Tod uns scheidet. Wir haben gewusst, dass wir das aus eigener Kraft nicht schaffen, und darum haben wir in der Kirche den Herrgott gebeten, uns zu segnen und uns auf unserem gemeinsamen Weg beizustehen. Als unser Sohn nach einer Ehekrise sich scheiden lassen wollte, hast du ihm gesagt: „Sich in guten Zeiten zu lieben ist leicht, aber in schweren Zei-

ten kommt die Liebe erst zum Tragen." Das waren deine Worte. Nein, an Scheidung hätte ich nie gedacht, auch wenn ich es oft kaum noch ausgehalten habe und am liebsten davon gelaufen wäre. Ich glaube, du weißt selbst nicht, was ich von dir alles zu hören bekommen habe. Und immer musste ich nur schlucken Und weil es oft zu viel war, habe ich dir auch Dinge gesagt, die mir heute noch leid tun. Einmal habe ich dir sogar gesagt: „Ach, würdest du doch abkratzen. Dann hätte ich endlich meine Ruhe!" Glaub mir, ich war damals über meine eigenen Worte erschrocken. Und was hast du geantwortet? „Richtig, abkratzen soll ich! Dann habe auch ich meine Ruhe von dir. Und du brauchst dich nicht länger vor mir ekeln. Denn ich spüre ja, wie du dich vor mir ekelst. Ich weiß selbst wie ich stinke. Gib mir die ganze Morphiumpackung auf einmal, dann sind wir beide erlöst!" – „Du weißt ganz genau, dass ich das nicht darf. Und ich kann das auch nicht", habe ich dir geantwortet. „Dann drück mir das Kissen aufs Gesicht. Eine Minute und schon ist alles vorbei. Aber lass mich nicht noch länger leiden. Bitte, bitte, du musst mir helfen. Wenn du mich liebst, dann musst du mir helfen. Mir zu liebe musst du es tun!" Ob du es glaubst oder nicht Kurt, ich war manchmal ganz nahe dran, das Kissen zu nehmen. Trotzdem gab es etwas, was mich davon abgehalten hat. Es gab in mir eine Hemmschwelle, die mich daran gehindert hat, dir diesen letzten Wunsch, diese letzte Forderung zu erfüllen.

Kurt, ich sehe dich immer noch auf dem Sterbebett liegen: hellwach, äußerst wachsam. Du wolltest, konntest nicht mehr schlafen. Du hattest wohl Angst, für immer einzuschlafen und nicht mehr aufzuwachen. Du weißt nicht, wie oft ich zu unserem Herrgott gebetet habe: „Lieber Gott, du musst uns helfen. Du kannst doch alles. Dann kannst du doch auch meinen Mann einschlafen lassen! Bitte, bitte, hilf uns, denn so kann es nicht weitergehen!“ Du hast dich über meinen kindlichen Glauben oft lustig gemacht, aber der Herrgott hat meine Bitte erhört und uns sein Erbarmen gezeigt. Dafür werde ich ihm ewig dankbar bleiben.

An jenem Morgen des 14. April hat er dich aus dem nächtlichen Schlaf nicht mehr aufwachen lassen. Ohne Schmerzen, ohne Angst, ohne Todeskampf bist du auf deinem Kissen eingeschlafen. Als ich an diesem Morgen zu dir kam, warst du schon kalt. Doch das hat mich nicht davon abgehalten, dich anzufassen und dich noch ein wenig zu streicheln. Ich habe dir auch noch einen letzten Kuss mit auf den Weg gegeben. So friedlich und zufrieden wie du da ausgesehen hast, hatte ich dich schon lange nicht mehr gesehen.

Von jedem Paar bleibt am Ende eine oder einer allein zurück. Das weiß jeder. Aber was es bedeutet, allein zurückzubleiben, das wissen nur die Betroffenen, die den Tod des Partners erleben.

Ich kann mich nicht daran gewöhnen, dass du nicht mehr da bist. Sogar dein Nörgeln fehlt mir. Es gibt keinen mehr, der mich kritisiert. Und keinen mehr, der mich braucht. Du fehlst! Kurt, du hast ein Lücke hinterlassen, die niemand ausfüllen kann. Und so bleibe ich mit dir auch über den Tod hinaus verbunden. Morgens setze ich mich als Erstes vor dein Bild, zünde eine Kerze an und rede mit dir. Es gibt genug zu besprechen, zumal ich mit vielem allein nicht klar komme. Du hast dich um alles im Haus gekümmert, du hast jede Schwierigkeit gelöst. Manchmal höre ich dich sagen: „Aber das ist doch kein Problem.“ Ja, für dich nicht, aber für mich ist vieles ein großes Problem. Vorhin stand ich da und musste den Beutel vom Staubsauger wechseln. Ich habe es nicht geschafft. Dann habe ich zu dir gesagt: „Du musst

mir helfen." Und mit deiner Hilfe hat es geklappt. Letzte Woche gab die Neonröhre im Keller den Geist auf. Auch da hast du mir geholfen. Danke!
Kurt, du warst immer schon sehr hilfsbereit. Wie vielen hast du geholfen! Aus unserer Straße kamen die Leute und haben sich Werkzeug geliehen. Wenn einer kam und sagte: „Mein Auto ist kaputt", dann lagst du schon darunter.
Und so komme ich immer wieder zu dir und sage: „Du hast mich mit allem allein gelassen. Jetzt musst du mir helfen." Ich hoffe, dass du mir nachsiehst, dass ich dir damals nicht geholfen habe – zumindest nicht so, wie du es wolltest. Aber das habe ich einfach nicht über mein Herz gebracht, den Mann umzubringen, den ich liebe.
Ach, lass mich nicht nur an die letzte Zeit denken. Wir hatten auch viele schöne Jahre, ja Jahrzehnte. Es gibt so vieles, an das ich gerne zurückdenke, Kurt. Wunderbare Momente, Glücksmomente. Die kann mir dein Tod nicht nehmen. „Die Erinnerungen", hat der Pfarrer bei deiner Trauerfeier gesagt, „sind das Paradies, aus dem uns niemand vertreiben kann." So ist es.
Bevor ich schlafen gehe, schaue ich dein Bild an und streiche mit den Fingern über dein Foto. Meistens rede ich noch ein bisschen mit dir. Über dieses und jenes. Über alles, was der Tag so mit sich brachte. Manchmal spreche ich mit dir auch noch über deine Beerdigung. Die war schön, richtig schön. Da hättest nicht einmal du etwas auszusetzen gehabt. Höchstens, dass der Pfarrer dich ein wenig zu arg gelobt hat.
Und an deinem Grab hat er nicht für den aus unserer Mitte gebetet, der dir als Erster folgen wird. Dein *Nachfolger* war übrigens Karl, unser früherer Nachbar. Er liegt im Grab neben dir. Hoffentlich vertragt ihr euch jetzt besser.

Kurt, etwas will ich nicht vergessen, dir noch zu sagen: Als ich an deinem offenen Grab stand, kam unser Enkel Eddy zu mir: „Wow Oma, schau mal wie tief das Grab ist. Da kommst du später auch hinein.“ Ja, so ist es, Kurt. Da kannst du meckern so viel du willst.

Was haben wir falsch gemacht?

Heute ist es auf den Tag genau vier Jahre her, es ist der 26. Juli. Du, Silvie, ich komme nicht darüber hinweg. Ich kann dich nicht hergeben. Überall nehme ich dich mit. Wohin ich auch gehe, du bist bei mir. An manchen Tagen ist es ganz schlimm. Da werde ich so von meiner Trauer überwältigt, dass ich mich von den anderen zurückziehen muss. Und dann immer wieder die Frage „Warum?“ Warum ist alles so gekommen? Was haben wir falsch gemacht? Diese Frage plagt, ja quält mich immer noch. Du hast uns zwar versichert, dass wir nicht schuld an deiner Sucht seien, aber die Fachleute sehen die Ursachen einer Drogenabhängigkeit doch vor allem in der Familie.

Eine Zeit lang habe ich die Schuld deinen Freunden zugeschoben, aber, ich denke, so einfach kann ich es mir nicht machen. Die Eltern von anderen Drogenabhängigen retten sich wohl auch mit dieser Ausrede. In ihren Augen warst du ein schlechter Umgang für ihre Kinder. Und trotzdem kannst du doch nicht allein aus dir heraus damit angefangen haben. Du hast dir den ersten Druck bestimmt nicht selbst gesetzt, du, die du immer so viel Angst vor einer Spritze hattest. Jemand muss dir doch da das Zeug gespritzt haben. Aber vielleicht hast später auch du anderen den ersten Druck gesetzt. Daran darf ich gar nicht denken.

Dein Vater und ich, wir haben lange Zeit nichts bemerkt. Wie blind müssen wir beide gewesen sein! Uns ist nicht einmal auf-

gefallen, dass du im Hochsommer Hemden mit langen Ärmeln trugst, um die Einstiche zu verbergen. Ja, die Eltern sind wohl immer die Letzten, die etwas merken. Denn alle Väter und Mütter glauben: Mein Kind tut so etwas nicht. Nein, meines doch nicht!
Du warst als Kind schon besonders neugierig. Du wolltest alles wissen, ganz genau wissen. Hast du deshalb auch mit Drogen angefangen? Weil du unbedingt wissen wolltest, wie das ist? Jetzt weißt du es. Aber du hast doch damals schon gewusst, wie gefährlich, lebensgefährlich das Zeug ist. Du hast doch gewusst, dass allein schon bei uns jedes Jahr viele Hunderte Frauen und Männer an Drogen sterben. Hat dir das denn keine Angst gemacht? Ja, du hast – wie so viele andere – wohl gemeint: Ich habe das schon im Griff. Und bevor du es gemerkt hast, hat die Droge dich im Griff gehabt. Bald hast du den Stoff gebraucht, nur um normal zu sein und keinen Entzug zu bekommen.
Ich habe ein paar Mal miterlebt, wie übel du im Entzug drauf warst. Du hast gefroren, geschwitzt, gezittert am ganzen Körper. Und dann bist du fort, warst nicht mehr zu halten. Manchmal hätte ich dich am liebsten an einem Stuhl festgebunden, aber du hättest dich sicher losgerissen. Weißt du noch, wie ich dir einmal gesagt habe: „Ach säßt du doch nur im Rollstuhl, dann könntest du nicht mehr fortgehen!" Zweimal haben wir dich in deinem Zimmer eingesperrt, um dich zu entziehen. Mein Gott, Silvie, war das schlimm.
Ja, du hast auch von dir aus immer wieder versucht, von den Drogen loszukommen. Du warst mehrmals in Therapie, warst zwischendurch auch längere Zeit clean, bis es dann wieder zum Rückfall gekommen ist, trotz all deiner guten Vorsätze. Ich sehe dich immer noch mit entblößten Armen vor mir stehen. Voller

Stolz hast du mir deine Arme gezeigt und gesagt: „Schau Mutti, ich mache nichts mehr. Ich rühre keine Droge mehr an. Dafür lege ich meine Hand ins Feuer.“ Als ich dich dann fragte, ob du dafür wirklich deine Hand ins Feuer legen könntest, hast du geantwortet: „Na ja, drei Finger ...“

Ach, du hast selbst doch nur allzu gut gewusst, wie stark die Macht der Droge war. Wie oft bist du ihr erlegen! Es heißt: Sucht ist eine Krankheit. Doch das klingt mir allzu sehr nach Entschuldigung. Dass du mehrmals mein Geld gestohlen und auch noch meinen Schmuck versetzt hast, das kannst du doch nicht mit Krankheit entschuldigen! Durch diese Diebstähle hast du mir auch mein Vertrauen in dich genommen. Kannst du dir vorstellen, wie das ist, den Geldbeutel vor der eigenen Tochter verstecken zu müssen? Das Gift hat dir jegliche Scham genommen. Du hast nicht nur deinen Körper verkauft, auch noch deine Seele. Dieses Teufelszeug hat dich viele Monate Knast gekostet, du hast es mit Hepatitis B und C bezahlt, doch das war der Stoff dir offenbar wert.

Wie konntest du nur so gierig nach etwas sein, von dem du genau gewusst hast, dass es dich kaputt macht? Was hat dir die Droge denn gegeben, dass du bereit warst, ihr dein ganzes Leben zu opfern? „Ach Mutter“, höre ich dich noch sagen, „das kannst du nicht verstehen.“ Und dann hast du von Geborgenheit und Wärme gesprochen. Durch das Heroin fühltest du dich so geborgen, geschützt, wie im Schoß der Mutter, rundum wohl. Keine Sorgen, keine Ängste. Woher wolltest du denn wissen, dass es im Mutterleib so schön war? Gut, da warst du beschützt gegen alles, was von außen kommt. Aber kein Mensch kann auf die Dauer in dieser Schutzhülle bleiben. Du kommst zur Welt, ob du willst oder nicht. Es gibt kein Zurück in den Mutterleib. Jedes Neugeborene ist dem Leben ausgesetzt, Silvie. Jedes Kind ist zum Ja zum Leben herausgefordert.

Dass du dich derart nach Wärme und Geborgenheit gesehnt hast, heißt das, dass wir dich nicht genug geliebt haben? Hat es dir an Nestwärme gefehlt? Hätte ich dich öfters in den Arm nehmen sollen? Hätte ich nicht arbeiten sollen, um mehr Zeit für dich zu haben? Aber du hast doch gewusst, dass wir das Geld brauchen. Wie hätten wir sonst unsere Eigentumswohnung abbezahlen sollen?

Und du kannst doch nicht sagen, dass du weniger Liebe bekommen hast als deine beiden Geschwister. Im Gegenteil. Du warst unser Nesthäkchen. Verwöhnt haben wir dich. War das unser Fehler? Du hast ja alles machen dürfen. Wir hätten öfters Nein sagen müssen, dann wärst du besser für das Leben gerüstet gewesen. Ja, heute würde ich manches anders machen. Andererseits denke ich: So eine schlechte Mutter kann ich nicht gewesen sein, denn meine beide anderen Kinder kommen doch auch ohne größere Schwierigkeiten mit dem Leben klar. Warum ist bei dir alles schiefgelaufen? Du hättest doch auch einen anderen Weg gehen können. Du warst eine gute Schülerin, durchaus begabt, auch musikalisch. Du hast so schön Querflöte gespielt. Und du hast gut malen können. Du warst überhaupt sehr kreativ. Und was hast du aus deinen Begabungen gemacht? Nichts. Null.

Nichts, Silvie, gar nichts hast du aus deinem Leben gemacht. Das hat dir oft auch dein Vater vorgeworfen. Und wenn er dir dann gesagt hat: „Du brauchst doch nur Nein zu sagen!“, hast du ihm erwidert: „Das musst gerade du mir sagen! Du kannst doch selbst nicht Nein sagen, wenn es um dein Bier geht.“ – „Das ist doch etwas ganz anderes“, hat er dir dann entgegengehalten.

„Gut, ich trinke abends mein Bierchen, auch mal eins über den Durst, aber ich gehe jeden Tag arbeiten. Seit 20 Jahren gehe ich für euch schaffen. Und du? Das Einzige, was du schaffst, ist, rund um die Uhr den Dealern hinterher zu laufen." Und dann deine Antwort: „Ich habe halt die falsche Sucht. Du kannst froh sein: Dein Stoff ist so billig, dass du ihn kistenweise kaufen kannst." Und so ging es dann hin und her und ich stand immer zwischen euch beiden. Oft hat euer Streit damit geendet, dass du wütend aufgestanden bist und die Tür hinter dir zugeschlagen hast. Und ich blieb jedes Mal ratlos zurück und bekam dann von deinem Vater auch noch einiges zu hören. Und als ob das noch nicht genügte, haben dein Bruder und deine Schwester mir den Vorwurf gemacht, dass nur eine in unserer Familie zählt. Um die würde sich alles drehen. Ja, das war so, Silvie. Aber es ist doch nur natürlich, dass ich mich als Mutter mehr um mein Sorgenkind kümmere als um die anderen.
Ja, Sorgen hast du uns mehr als genug gemacht. Und dann warst du eines Tages auch noch schwanger! Du hast es erst gemerkt, als du schon im vierten Monat warst. War wohl auch besser so. Wir wissen bis heute nicht, wer der Vater ist. Und auch dem Jugendamt gegenüber hast du es nicht verraten. Es war wohl ein Drogenkumpel. Oder ist es auf dem Strich passiert? Ich möchte es gar nicht wissen.
Auch in den letzten Monaten der Schwangerschaft hast du noch viel geraucht, ständig Alkohol getrunken und dich mit Drogen zugedröhnt. Dass du ein gesundes Kind zur Welt gebracht hast, war wirklich ein Wunder. Zum Glück waren wir da, denn sonst wäre dein Junge gleich in eine Pflegefamilie oder in ein Heim gekommen. Das Jugendamt hat dich damals bei der Geburt sehr stark bedrängt, das Kind zur Adoption freizugeben, aber das

wolltest du nicht. Dass du diese Abtrittserklärung nicht unterschrieben hast, das kann ich als Mutter nur allzu gut verstehen. Erst kriegst du ein Kind, und dann sollst du es hergeben.
Du hast gehofft, dass dein Junge dich von der Droge wegbringt. Und auch wir hatten diese Hoffnung. Eine Zeit lang hat es auch so ausgesehen, dass dein Kleiner das schafft, was alle anderen bis dahin vergeblich versucht hatten.
Du hast dich gut um deinen Jungen gekümmert, hast ihm viel Zuwendung gegeben. Du wolltest mit ihm eine Therapie für Mutter und Kind machen. Alles war schon in die Wege geleitet. Zwei Tage vor deiner Entgiftung zur Therapie hast du mir nach dem Mittagessen plötzlich gesagt: „Ich muss mal geschwind fort." Ich wollte dich noch fragen, wohin du denn müsstest, aber ich wollte dir mein Misstrauen nicht zeigen. Hätte ich es nur getan und dich nicht so einfach gehen lassen! Aber das hätte wohl auch nichts genutzt. Einen Tag später hat uns die Polizei mitgeteilt, dass du an einer Überdosis gestorben seiest. Das musst du dir einmal vorstellen: Gestern haben wir noch miteinander zu Mittag gegessen und heute bist du tot. Die Spritze sei noch in deinem Arm gesteckt, haben sie gesagt. Was hat dich nur wieder nach den Drogen greifen lassen? Oder hattest du seit längerem wieder angefangen, und wir haben es nur nicht mitbekommen? War der Stoff vielleicht zu gut? Hast du dich in der Dosis verschätzt, dich überschätzt? Hast du dich als schlechte Mutter gefühlt? Warst du mit deiner Kraft am Ende? Oder hattest du Angst vor der Therapie?? Silvie, du hast uns so viele Fragen zurückgelassen. Warum bist du wieder zu Manfred? Du hast doch gewusst, dass er immer noch drauf ist. In seinem Zimmer hast du dich tot gespritzt. Er hat überlebt. Es hat wohl so sein sollen. Ganz gelöst lagst du im Sarg, so, als ob du uns sagen wolltest:

Jetzt habe ich es doch noch geschafft, die Sucht loszuwerden. Ja, aber wie hoch war der Preis! Gut, dass wir deinen Jungen haben. Er ist dein Fleisch und Blut. Wenn ich ihn im Arm halte, habe ich ein Stück von dir im Arm.

Hier auf dem Friedhof treffe ich oft die Mutter von Dirk. Er ist mit drei anderen im Auto auf dem Heimweg von der Disco gegen einen Baum geprallt. „Ich habe nicht nur mein Kind verloren“, klagt seine Mutter, „ich fühle auch noch die Schuld am Tod von Dirks Freunden. Er hat sie in den Tod gefahren. Wir machen uns schwere Vorwürfe und fragen auch, was wir falsch gemacht haben. Vielleicht war es nicht richtig, ihm mit 18 Jahren den Führerschein machen zu lassen und ihm gleich ein Auto zu kaufen.“
Du siehst, manche haben es noch schwerer als ich. Oder wenn ich an die Mutter von Sonja denke, die seit drei Jahren vermisst wird. Du kennst Sonja. Ihre Schwester Silke war bei dir in der Klasse. Sonja ist spurlos verschwunden. Lebt sie noch? Oder ist sie längst schon tot? Sicher, solange ihre Leiche nicht gefunden ist, gibt es immer noch Hoffnung. Und so wartet die Mutter weiterhin auf ihre Tochter. Doch diese Ungewissheit würde mich verrückt machen. Dann ist mir die Gewissheit noch lieber, auch wenn sie noch so traurig und niederschmetternd ist. Ich weiß wenigstens, woran ich bin, und ich habe einen Ort, an dem ich trauern kann. Diesen Ort brauche ich. Immer wieder zieht es mich zu deinem Grab. Hier klage ich dir mein Leid, schimpfe mit dir und weine mich bei dir aus. Auch wenn meine Tränen noch so bitter sind, das Heulen tut mir gut. Immer wieder schaue ich auf die gebrochene Rose neben deinem Namen auf dem Grabstein. Du hast alles abgebrochen: die Schule, die Aus-

bildung, die Therapie. Du hast dein Leben selbst abgebrochen. Seitdem ist in mir etwas zerbrochen. Das wird nie wieder ganz. Das spüre ich, Silvie.

Im Juli geht es mir besonders schlecht. Es ist der schlimmste Monat für mich. Das kannst du dir denken. Im Juli habe ich dich geboren und im Juli hast du uns verlassen. Während andere jetzt in Urlaub fahren und um die Welt fliegen, kreisen meine Gedanken immer nur um dich. Und immer noch um die Frage: Was haben wir falsch gemacht?

Ich hätte dich so gerne noch gepflegt

Stell dir vor: Unser Nachbar, der Rainer, hat sich aus dem Fenster gestürzt. Nach seinem Schlaganfall saß er im Rollstuhl. Morgen hätte er aus dem Reha-Heim nach Haus kommen sollen. Und gestern Nachmittag hat er sich aus dem Fenster im vierten Stock in den Hof hinabgestürzt. Seine Hilde ist wütend. Sie hat sein Bild im Zimmer umgedreht. „Ich kann ihn nicht mehr sehen“, hat sie gesagt. „Da liegst du vierzig Jahr neben einem Mann, und denkst, dass du ihn kennst. Und dann macht er so etwas, weil er meinte, dass er für mich nur noch eine Last gewesen wäre. Dabei hätte ich ihn doch so gerne noch gepflegt.“

Du, Walter, ich hätte dich auch gerne noch gepflegt, doch dazu habe ich nicht die Chance bekommen. Heute vor zwei Wochen bist du auf der Straße zusammengebrochen. Du warst gleich tot. Der Rettungsdienst war zwar sehr schnell zur Stelle, doch jede Hilfe kam zu spät. Du bist so gestorben, wie du es dir immer gewünscht hast. Aber das ist für mich kein Trost. Andere werden doch auch gerettet. Warum konnte man dir nicht helfen? Die Ärzte haben mir gesagt: „Wenn wir Ihren Mann noch zurück ins Leben hätten holen können, wäre er mit Sicherheit pflegebedürftig gewesen.“ – „Ja, und“, habe ich ihnen gesagt. „Dann hätte ich meinen Mann doch immer noch bei mir gehabt?!“
Ich hätte dich gewaschen und rasiert. Ich hätte dir dein Lieblingssüppchen gekocht. Ich hätte alles für dich getan und dir so

gerne noch gezeigt, wie sehr ich dich liebe. Walter, ich weiß: Zur Liebe gehört auch, dass man die Dinge mit den Augen des geliebten Menschen zu sehen versucht. Und in deinen Augen war es das Schlimmste, ein Pflegefall zu sein. Das hast du oft gesagt. Trotzdem hätte ich so gewollt, dass du mich auch einmal brauchst. Du, der Starke! Du hattest Angst, schwach zu sein, Hilfe zu brauchen. Eine kleine Grippe hat dich aus dem Gleichgewicht gebracht. Nein, du warst nicht der Mensch, um krank zu sein. Nicht umsonst wolltest du einen schnellen Tod. Aber war dein Wunsch nach einem Sekundentod nicht auch egoistisch, lieblos mir gegenüber? Für dich war es schön, dass du nicht hast leiden müssen, aber für mich war der Schmerz umso stärker. Für mich war dein schöner Tod schrecklich.
Nachdem wir zusammen Kaffee getrunken hatten, bist du gegen halb vier aus dem Haus gegangen. Du wolltest *geschwind* zu deinem Freund Klaus. Als du aus dem Auto ausgestiegen bist, ist es passiert. Wie durch einen Blitz aus heiterem Himmel wurdest du mit 58 Jahren aus dem Leben gerissen. Ja, blitzartig wurden wir auseinander gerissen.
Warum? Warum du? Es gab keinerlei Vorzeichen für einen Herzinfarkt. Oder gab es welche, aber du hast darüber nicht mit mir gesprochen? Der Notarzt wollte von mir wissen, ob du herzkrank warst und ob es in deiner Familie schon ähnliche Fälle gegeben hatte. Nicht dass ich wüsste, habe ich ihm geantwortet. Dann hat er den Kopf geschüttelt und gemeint, dass besonders Männer die Signale und Warnsymptome einer Herzerkrankung oft ignorieren. Als ich ihm sagte, dass du sehr sportlich warst und du jede Woche deine 50 Kilometer gejoggt bist, hat er gesagt, dass einseitige körperliche Aktivität auch schädlich sein kann. Warum hat dich vorher niemand darauf hingewiesen? Warum

hast du dich auch oft beruflich so übernommen und dein Herz mit so viel negativem Stress belastet? Du hast immer gesagt: Bald habe ich es geschafft. Mit 60 gehe ich in Rente und dann machen wir uns ein schönes Leben. Wir hatten gedacht, wir haben noch so viel Zeit, und auf einmal waren alle unsere Pläne geplatzt. *Plötzlich und unerwartet.* Wie oft steht das in den Todesanzeigen! Und wie oft habe ich darüber hinweggelesen!?
Deine Schwester Rita hat mir gesagt: „So etwas ist Schicksal." Aber Schicksal, was ist das? Eine dunkle Macht über den Wolken, eine Göttin, die ihre Pfeile auf Einzelne richtet. Und wen es trifft, der hat Pech gehabt. *Pech gehabt.* Soll ich mich damit trösten? Soll ich dir das aufs Grab schreiben? *Walter, du hast Pech gehabt.* Nein, du hast es so gewollt. Mein Pech ist es, dass ich dich im Alter von 58 Jahren verloren habe und ich plötzlich als Witwe da stehe. Von einem Augenblick zum anderen ist alles anders. Kein Abend mehr zu zweit. Kein gemeinsames Frühstück mehr. Nichts ist mehr so wie es einmal war.
Wenn du krank gewesen wärst, hätte ich gewusst, was auf mich zukommt. Ich hätte mich langsam auf deinen Tod einstellen können und mich allmählich auf das Alleinsein vorbereitet. Jetzt aber trifft mich dein Tod völlig unvorbereitet.
Dass ich von dir nicht habe Abschied nehmen können, das ist für mich das Schlimmste. Du bist einfach gegangen. Du hättest doch wenigstens noch *Tschüss* sagen können!
Du hast dir immer einen schnellen Tod gewünscht. Du wolltest nicht wie dein älterer Bruder mit einer Magensonde in einem Pflegeheim liegen und langsam dahindämmern, dahinsiechen. Ich will nicht lange leiden, nicht krepieren, hast du gesagt. Aber wer will das schon? Das kann sich niemand aussuchen. Glaubst du denn, mein Vater hat so qualvoll sterben wollen? Du weißt,

wie er vor Schmerzen geschrieen, gebrüllt hat. Wir haben beide nicht verstanden, warum man jedem Hund den Gnadentod gewährt, während man einen Menschen nicht von seinen Qualen erlöst. Mit welchem Recht dürfen Ärzte bestimmen, dass ein Mensch weiter leiden muss?
Nein du, ich bin froh, dass dir ein solch unwürdiges Sterben erspart geblieben ist, auch wenn ich dir noch gerne meine Liebe gezeigt hätte. Dabei weiß ich natürlich nicht, ob ich dich auf die Dauer hätte pflegen können. Vielleicht hätte ich es nicht geschafft und wäre mit der Pflege völlig überfordert gewesen. Trotzdem hätte ich es für dich gerne versucht. Wenn du ins Koma gefallen wärst, hätte ich dich auch nicht pflegen können. Dann wärst du der Apparatemedizin wehrlos ausgeliefert gewesen und wärst wie meine Mutter dagelegen, an zahllosen Schläuchen und Kabeln angeschlossen – und das seit fünfzehn Monaten!
Ein *verkabeltes* Sterben, das wäre für dich das Letzte. Nicht umsonst hast du immer deine Patientenverfügung bei dir getragen. Aber die hat dir jetzt auch nichts genutzt. Die Rettungssanitäter haben ihr Programm voll durchgezogen und alles getan, um dich wieder zu beleben. Aber ihre Bemühungen waren vergeblich. Das habe ich dem Herrgott nicht vergeben können. Mit geballter Faust habe ich zum Himmel geschaut und habe den da oben alles geheißen. Gut, dass du das nicht gehört hast. Aber ich war so wütend, dass er mir den liebsten Menschen genommen hat. „Warum mein Mann? Warum nicht meine Mutter auf der Intensivstation?“, habe ich ihn angeschrieen. „Warum lässt du sie immer noch liegen und holst mir meinen Mann?“
Warum müssen Menschen sterben, die noch so gerne gelebt hätten und warum müssen andere weiterleben, die froh wären, wenn sie endlich sterben dürften?

Du hast geglaubt, dass es eine Liste gibt, auf der das Sterbedatum eines jeden Menschen feststeht. Die Todesstunde sei von vorneherein bestimmt, vorbestimmt.

Walter, war es dir bestimmt, am 28. April um 17.54 Uhr durch einen Sekundenherztod zu sterben? Auf jeden Fall wärst du wütend gewesen, wenn du als Pflegefall aufgewacht wärst. Du hast gesagt: „Wenn ich nicht mehr Herr über meinen Körper bin und meinen Hintern nicht mehr selbst abputzen kann, will ich nicht mehr leben.“ Nein, du warst nicht der Mensch, um dir Windeln wechseln zu lassen. Es wäre dir peinlich gewesen, ganz auf die Hilfe von anderen angewiesen und vollständig von Fremden abhängig zu sein. Ich weiß noch gut, wie du damals im Krankenhaus lagst und keine Krankenschwester dich anfassen durfte. „Das macht meine Frau“, hast du gesagt.
Ja, Walter, du warst schon sehr eigen. Du hast immer selbst bestimmt, wo es lang geht. Du saßest am Steuer, hast Gas gegeben. Mit deinen schnellen Autos bist du gegen die Uhr angefahren. Als ich dir bei deinem letzten Geburtstag sagte: „Walter, es wird Zeit, dass du langsam leben lernst“, hast du nur gelacht.
Der Sekundentod passt zu dir. Bei dir musste alles immer ganz schnell gehen. Du konntest nicht warten. Du hattest keine Geduld. Anstehen war für dich ein Fremdwort. Du warst von einer Unruhe getrieben. Du wolltest immer fort, konntest nicht einmal anhalten, als ob du Angst hattest, zu dir selbst zu kommen. Nun bist du bei dir selbst angekommen und kannst dich ausruhen von deinem schnelllebigen Leben.
Nachdem nun du für immer von mir gegangen bist, sehe ich erst, wer du eigentlich warst, wer du wirklich warst. Jetzt erkenne ich klarer, wie du wurdest, was du warst.

Walter, du hattest einige Schwächen und Fehler. Aber auch die habe ich mit den Jahren lieb gewonnen. Du warst meine große Liebe, der Mann meines Lebens. Dass du eine Zeit lang eine andere vorgezogen hast, habe ich dir längst verziehen. Vielleicht habe ich dich zu sehr geliebt.

Lieben heißt auch lernen, dass wir den geliebten Menschen gehen lassen, weil es für ihn besser ist. Diese Worte standen auf der Beileidskarte von deinem Freund Ernst. Woher will er denn wissen, dass es für dich besser war, so plötzlich zu sterben? Ob er das auch noch sagen würde, wenn er seine Frau mit 58 Jahren plötzlich verloren hätte?

Ich habe insgesamt 45 Beileidskarten bekommen. Viele haben ganz lieb geschrieben, sehr einfühlsam. Immer wieder nehme ich diese Karten in die Hand und lese die tröstenden Worte. Schade, dass du nicht sehen kannst, wie viel Gutes und Liebes da über dich geschrieben steht. Du warst ja auch ein lieber Kerl, ein liebenswerter Mensch, wert, geliebt zu werden. Das heißt nicht, dass du immer lieb und nett warst. Du konntest auch ungehalten sein. Aber das hat man dir nicht übel genommen. Du hattest etwas Liebenswürdiges an dir, etwas in dir, dass man dich einfach gerne haben musste. Wie beliebt du warst, zeigt auch, dass so viele kamen, um von dir Abschied zu nehmen und dir die letzte Ehre zu erweisen. Es hat mir gut getan, zu spüren, dass sie dich alle gemocht und geschätzt haben.

Die Friedhofskapelle war sehr voll, hat man mir gesagt. Ich selbst habe das nicht mitbekommen. Ich war mit meinen Gedanken nur bei dir. Ich sah dich im Sarg liegen, mit deinem verschmitzten Lächeln. So, als ob du uns sagen wolltest: „Ätsch. Ich weiß etwas, was ihr nicht wisst! Ich habe schon hinter mir, was ihr noch vor euch habt."

Der Trauerredner hat gesagt, dass dein Tod uns bewusst machen sollte, wie schnell auch unser Weg zu Ende gehen kann. Wir alle sind nur einen einzigen Herzschlag weit vom Tod entfernt. So gesehen bin ich dir immer noch ganz nahe.
Walter, dein Chef wollte bei der Trauerfeier einen Nachruf sprechen, aber das habe ich abgelehnt. Gott weiß, was der dir nachgerufen hätte. Ich weiß nur, dass du ihn nicht leiden mochtest. Du hast ihm mehrmals die Meinung gesagt und das hat ihm nicht gepasst. Du warst eine ehrliche Haut. Ich denke, es war in deinem Sinne, dass dein Boss bei deinem Abschied nichts zu sagen hatte.

Zum Schluss wurde dein Sarg nicht hinausgefahren, er blieb stehen. Wir sind nach vorne gegangen und haben dir eine Kerze angezündet. Das hast du oft auch für andere getan. Du warst zwar aus der Kirche ausgetreten, aber im Urlaub hast du in der Kirche immer eine Kerze für deine Lieben angezündet.
Mit unseren Kerzen haben wir dir noch etwas Licht, Wärme und Liebe mit auf den Weg gegeben. Unsere kleinen Lichter haben dir gesagt, dass wir über den Tod hinaus mit dir verbunden bleiben.
Nach der Feier hat man dich dann ins Krematorium gefahren. Dort bist du eingeäschert worden. Asche zu Asche in 60 Minuten. Und fünf Tage später haben wir deine Urne beigesetzt. Schneller ging es nicht. Nun muss ich langsam leben lernen – ohne dich, Walter, aber mit dem Schmerz deines Verlustes.

Ruhe in Frieden!

Mutti, heute habe ich eine Umfrage gelesen und musste dabei auch an dich denken. „Was wünschst du dir nach dem Tod?“, war die Frage. Viele wünschen sich, dass sie nach dem Tod irgendwohin kommen, wo es ganz schön ist und sie glücklich weiterleben. Manche möchten wiedergeboren werden. Einige hoffen, dass sie nach ihrem Tod bei Gott sind und ihre Lieben wiedersehen. Es gibt auch welche, die Angst davor haben, in die Hölle zu kommen, weil sie meinen, nicht gut genug für den Himmel zu sein. Andere wünschen sich, dass ihre Seele durch das Weltall fliegt. Nur wenige sind der Meinung, dass mit dem Tod alles aus ist. Die meisten glauben an ein Weiterleben, wohl auch deshalb, weil sie sich nicht damit abfinden können, dass dieses eine kurze Leben alles gewesen sein soll.

Ja, was wünsche *ich* mir nach dem Tod? Weiterleben wäre schon schön, aber wenn ich dann ewig ich bleibe, weiß ich nicht, ob ich das möchte. Es fällt mir jetzt schon oft schwer, mich auszuhalten. Wenn ich mir vorstelle, ich müsste für immer und ewig die Person bleiben, die ich bin, wäre das für mich alles andere als himmlisch. Nein, dann möchte ich schon lieber als jemand anders geboren werden. Aber bei einer Wiedergeburt könnte es mir im kommenden Leben auch schlechter ergehen als im jetzigen. Vielleicht käme ich als Katze wieder und das wäre für mich der Horror. Du weißt, dass ich keine Katzen mag. Und ich möchte auch nicht zurück auf diese Welt. Einmal reicht.

Du weißt, wir beide haben manchmal über dieses Thema gesprochen. Und ich kann mich noch gut daran erinnern, was du damals gesagt hast. „Ich möchte auf keinen Fall nach dem Tod weiterleben. Ich will endlich meine Ruhe haben. Ich möchte nicht irgendwo aufwachen, wo es dann wieder weitergeht. Nein, ich möchte tot sein, richtig tot sein. Ich will nicht erneut geboren werden und zum ewigen Leben verdammt sein."
Nach deinem Tod bekommen diese Worte noch viel mehr Gewicht, und ich hoffe, dass du nun in Frieden ruhen kannst. Für immer schlafen, ohne wieder aufzuwachen. Wenn ich mir vorstelle, dass du nach dem Tod gegen deinen Willen weiterleben müsstest, wäre das auch für mich schrecklich. Denn es war dein sehnlichster Wunsch, dass der Tod dir die ewige Ruhe bringt. Das kann ich auch gut verstehen, nach allem, was du mir erzählt hast.

Von Anfang an, schon im Schoß deiner Mutter hast du gespürt, zu spüren bekommen, dass du nicht leben solltest. Du standest ihr im Weg. Als du größer warst, hat sie dir erzählt, was sie alles versucht hat, dich *wegzumachen*. Wie kann eine Mutter nur so etwas tun? Sie muss doch gewusst haben, dass dieses Wissen dich ein Leben lang belastet. Und trotzdem hast du mit zehn, elf Jahren von ihr erfahren, wie sie mit heißen Bädern versucht hat, dich aus dem Weg zu räumen. Sie hat sich sogar die Treppen hinuntergestürzt, um dich zu beseitigen. Selbst mit Stricknadeln hat sie es versucht. Aber alle ihre Versuche waren vergeblich. Du hast alles überlebt. Und je dicker ihr Bauch geworden ist, desto wütender ist sie auf dich geworden. Du warst stärker als sie. Das hat sie dir nie verziehen. Das hat sie dir dein Leben lang nachgetragen.

Ich habe es selbst oft miterlebt, wie sie dir deine vermeintliche Schuld vorgeworfen, an den Kopf geworfen hat. Anstatt dass sie sich selbst gefragt hätte, was sie falsch gemacht hat, wie viel sie dir schuldig geblieben ist! Nein, du warst schuld, dass ihr Freund sie hatte sitzen lassen. Du warst schuld, dass ihre gute Figur dahin war. Du warst schuld, dass sie keinen anderen mehr gefunden hat. Du warst schuld an ihrem Unglück. Natürlich warst du auch schuld an ihrem Schlaganfall. Und als sie dann gestorben war, hast du dich auch noch schuldig an ihrem Tod gefühlt.

Mein Gott! Sie war schuld, dass du das Leben nicht geliebt hast. Sie hat dir die Kindheit genommen, dir Hiebe statt Liebe gegeben. Kein Wunder, dass du mit acht, neun Jahren schon von ihr weggelaufen bist. Und jedes Mal, wenn die Polizei dich dann zurückgebracht hat, hast du noch mehr Schläge bekommen.

Als sie dann mit dir nicht mehr fertig geworden ist, bist du in ein Heim für Schwererziehbare gekommen. Auch dort bist du ausgerissen und bist mit 15 Jahren vom Erstbesten schwanger geworden. Ärzte und Beraterinnen haben auf dich eingeredet und mit Engelszungen versucht, dich zur Abtreibung zu überreden. Doch du hast dir dein Kind nicht ausreden lassen. Du wolltest dein Kind haben, und du hast es bekommen. Vielleicht war es auch eine späte Rache an deiner Mutter. Oder wolltest du deinem Kind das geben, was du selbst so sehr vermisst hattest: Geborgenheit, Zuwendung, Liebe? Wie auch immer: Ich bin dir so dankbar, dass du mir das Leben geschenkt hast. Auch wenn es oft noch so schwer war. Trotz allem bin ich froh, dass ich lebe, auch wenn es oft nur ein Überleben ist. Auch wenn vieles zum Heulen ist, danke ich dir von Herzen, dass du mich trotz aller Widerstände zur Welt gebracht hast. Du warst selbst noch ein Kind, als du mich geboren hast. Du hattest mir nicht viel zu bieten, aber du hast dein Bestes gegeben. Du standest ganz allein, hast von niemandem Unterstützung bekommen. Das Sozialamt hat uns in einem Haus untergebracht, wo nur Asoziale gewohnt haben. Die vom Jugendamt haben nur danach geschaut, wie es in der Wohnung aussah. Wie es in uns aussah, das hat doch niemanden interessiert.

Ach, du weißt selbst, wie es war und wie es weitergegangen ist. Ich bin bald in deine Fußstapfen getreten, habe mich überall herumgetrieben. Eines Tages war ich schwanger. Ich habe mich nicht zu dir heim getraut. Ich habe das Kind abgetrieben. Das hast du nie gewusst. Ich hatte Angst, es dir zu sagen. Vielleicht hättest du mich eine Mörderin genannt. Heute bedauere ich es auch, aber damals konnte das Kind nicht in meinem Leben sein. Es stand mir im Weg, wie du damals deiner Mutter. Ich wollte frei sein, nicht an ein Kind gebunden. Ich bin meinen Weg gegangen, und er hat mich immer weiter weg von dir geführt. Hin und wieder haben wir uns noch gesehen, aber mit der Zeit haben wir uns ganz aus den Augen verloren. Nicht einmal an Geburtstagen oder Weihnachten haben wir noch etwas voneinander gehört. Bis ich dann einen Anruf vom Sozialamt in Stuttgart bekam. Der Herr sagte: „Leider haben wir eine traurige Nachricht für Sie. Ihre Mutter ist gestorben. Sie wurde gestern leblos in ihrer Wohnung aufgefunden, sie war schon seit mehreren Tagen tot." Viel wichtiger als die Todesnachricht schien dem Herrn, mich darauf hinzuweisen, dass ich für die Bestattungskosten aufzukommen hätte. Schließlich sei ich als deine Tochter bestattungspflichtig. Auf Deutsch: Ich muss zahlen. Wovon denn? Von meinen Hartz-IV-Ersparnissen? Woher hat übrigens der Mann meine Nummer gehabt? Denn seit Jahren lebe ich in Heilbronn. Das hast du gar nicht mitbekommen. Ja, ich bin wegen so einem Typen dorthin gezogen. Aber auch diesmal ging es schief. Auf jeden Fall hat der Herr vom Sozialamt mich ausfindig gemacht. Die finden jeden, wenn es ums Geld geht. Aber jahrelang habe ich vergeblich nach meinem Vater gesucht. Ich hätte ihn so gerne einmal kennen gelernt. Aber kein Amt hat mir geholfen. Kein Amt hat ihn gefunden, obwohl sein Name bekannt ist. Und gestorben ist er wohl auch nicht, denn sonst hätte ich es erfahren. Ich bin ja auch für ihn bestattungspflichtig. Ach Gott! Diese Ämter!

Der Mann erklärte mir auch, dass das Sozialamt für deine Bestattung nicht zuständig sei, da dessen Zuständigkeit mit deinem Ableben erlischt. *Zuständig!* Wie ich dieses Wort hasse! Wie oft musste ich schon hören: „Für Ihren Buchstaben ist jemand anders *zuständig*. – Ihre *zuständige* Sachbearbeiterin ist in Urlaub." Hätte dir nicht auch eine normale Beerdigung zugestanden? Nein, die steht nur den Leuten zu, die Geld haben. Weißt du, dass die Mehrkosten für eine Trauerfeier rund 600 Euro betragen? Davon muss ich zwei Monate leben.

Ich möchte dir gar nicht erzählen, was es nach deinem Tod noch für ein Hin und Her zwischen den Ämtern gegeben hat. Ich wurde gar nicht gefragt. Nur zahlen sollte ich. Und weil ich das nicht konnte, war dir keine anständige Bestattung vergönnt. Sang- und klanglos wurdest du in den Ofen geschoben. Das ist am billigsten. Wolltest du überhaupt verbrannt werden? Wenn du arm bist, hast du keine andere Wahl.

Es tut mir so weh, dass ich dir dieses Armenbegräbnis nicht habe ersparen können. Ist es denn nicht schon schlimm genug, sein Leben lang arm zu sein? Müssen wir denn auch noch im Tod

dafür bezahlen? Muss man uns denn auch noch den Abschied vom Verstorbenen verwehren und ihm jegliche menschliche Würde nehmen? Würdelos wurdest du unter die Erde gebracht, einfach anonym verscharrt.
Deine Urne wurde mit 165 anderen im Morgengrauen in einem Loch beigesetzt. Man hat mir gesagt, dass die Urnen auf einer Palette gestapelt von einem Bagger an das Loch herangefahren wurden. Und dann ab in die Grube! Keine Tafel, kein Schild nennt deinen Namen. Kein Kreuz. Nichts. Du bist buchstäblich ins Nichts versunken.

Heute nun stehe ich hier an diesem sogenannten Gemeinschaftsgrab. Wo soll ich die Rose hinlegen, wo die Kerze hinstellen? Irgendwo. Ich weiß: Ich hätte dir kein Grab bezahlen können. Und ich hätte es auch nicht pflegen können. Aber das hier ist doch das Letzte, das Allerletzte. Mir tut es so weh, dass ich von dir nicht richtig Abschied nehmen kann. So gerne hätte ich dir an deinem Sarg noch einmal danke gesagt für alles, was du mir gegeben hast. Mit einer schönen Trauerfeier hätte ich dir wenigstens ein ganz klein wenig zurückgegeben.
Nun aber kann ich nur hier stehen und dich um Vergebung bitten. Ich kann dir gar nicht sagen, wie sehr ich das Versäumte bedauere. Warum habe ich mich nicht mehr bei dir gemeldet? Ich hatte doch deine Nummer, deine Anschrift. Bist du gestürzt? Warst du krank? So gerne wäre ich bei dir gewesen, um dir zu helfen. Ich kann mich immer noch gut daran erinnern, wie liebevoll du dich damals um mich gekümmert hast, als ich mit einer schweren Grippe im Bett lag. Zwei Wochen lang habe ich gefiebert. Du hast mir kalte Wickel um die Waden gemacht und die durchgeschwitzte Wäsche gewech-

selt. Du hast mir Apfelsinen ausgepresst und mich mit Fleischbrühe gefüttert, Löffel für Löffel, ganz langsam, denn ich war zu schwach selbst zu essen. Mutter, du warst die beste Krankenschwester!
Und wo war ich, als du mich brauchtest? Wie lange lagst du schon tot in der Wohnung? Hat dich denn niemand vermisst? Erst der überfüllte Briefkasten hat die Hausbewohner darauf aufmerksam gemacht, dass etwas nicht stimmt. Hattest du denn mit niemandem Kontakt? Warst du so einsam? Hast du vielleicht im letzten Augenblick noch nach mir gerufen, noch an mich gedacht? Einen Abschiedsbrief hast du mir nicht hinterlassen. Aber warum auch? Du hast dir nicht das Leben genommen. Oder? Die Polizei sprach von einer ungeklärten Todesursache. Auch die Obduktion habe keine eindeutige Klarheit gebracht, was zu deinem Tod geführt hat. Aber ein Fremdverschulden könne sie mit Sicherheit ausschließen. Und so muss ich das Ergebnis weiterer Untersuchungen abwarten. Aber was immer dabei herauskommen mag, das macht dich nicht wieder lebendig. Dir ist es wohl lieber so.
Mutter, du hast das Leben nie geliebt. Du wolltest schon immer deine Ruhe haben. Nun hast du sie. Hoffentlich für immer. Denn nichts wäre für dich schlimmer, als nach deinem Tod nicht tot zu sein. Doch wie sehr ich deinen Wunsch nach ewiger Ruhe auch respektiere, trotzdem wäre es schön, wenn du in der anderen Welt die Fülle des Lebens erleben könntest. Wenn du schon kein Leben vor dem Tod gehabt hast, dann wenigstens nach dem Tod. Verstehst du, was ich meine?

Einen Menschen lieben, heißt, ihm sagen: Du wirst nicht sterben. Diesen Satz habe ich einmal irgendwo gelesen. Ja, ich hoffe, dass der Tod dich nicht ganz getötet hat. Wenn ich wüsste, dass von dir gar nichts übrig geblieben ist, wäre ich sehr, sehr traurig. Ich möchte nicht, dass du nichts mehr bist und restlos ausgelöscht wurdest. Dazu liebe ich dich viel zu sehr. Aber ich wünsche dir auch, was du dir immer so sehr herbeigesehnt hast: Ewig ruhen, ohne noch einen Schmerz zu spüren. Ruhe in Frieden, Mutter!

Um keinen Menschen habe ich so getrauert

Martin, heute stehe ich zum ersten Mal an der Stelle, wo es vor zwei Jahren am 27. Oktober geschehen ist. Bisher habe ich die *Todesstraße* gemieden und lieber einen Umweg genommen. Heute habe ich mir ein Herz gefasst und bin die Straße entlang gefahren, auf der dein Leben so tragisch endete. Je näher ich der Unfallstelle kam, umso langsamer fuhr ich. Mein Fuß löste sich wie von selbst vom Gaspedal. Die Autofahrer hinter mir verstanden natürlich nicht, warum ich so langsam fahre. Einige hupten, einer hob wütend die Faust, ein anderer zeigte mir den Vogel. Ich fuhr langsam an den Straßenrand und stieg aus. Jetzt stehe ich hier vor deinem Kreuz hinter der Leitplanke. Deine Freunde haben dir das Kreuz errichtet und pflegen es immer noch so liebevoll.

Dein Kreuz: *Martin.* An dieser Stelle bin ich dir viel näher als an deinem Grab auf dem Friedhof. Wenn ich mit vorstelle, wie du hier schwer verletzt lagst, gehen mir so viele schmerzvolle Bilder durch den Kopf.

Plötzlich sehe ich dich auch wieder im Sarg liegen. Beim Beerdigungsinstitut hatte man mir dringend davon abgeraten, dich noch einmal anzuschauen. Ich sollte dich lieber so in Erinnerung behalten wie ich dich das letzte Mal lebend gesehen hatte. Aber jemand musste dich identifizieren. Deine Mutter hätte das erst recht nicht geschafft. Und deinem Bruder Horst wollte ich es auch nicht zumuten, geschweige denn deiner Frau

Ute. Sie ist zusammengebrochen, als sie von deinem Tod erfahren hat.
Obwohl ich mir den Anblick noch schlimmer vorgestellt hatte, bekomme ich dieses Bild nicht mehr aus meinem Kopf. Es hat sich für immer in meinem Gedächtnis eingebrannt. Aber wenn ich dich nicht im Sarg gesehen hätte, würde ich vielleicht immer noch nicht glauben können, dass du wirklich tot bist.
Es ist auch kaum zu glauben, dass du auf dieser geraden Strecke ums Leben gekommen bist. Was ist denn passiert? Die Polizei sagt, dass du etwa einhundert Stundenkilometer schnell gefahren sein musst, obwohl nur siebzig erlaubt sind. Aber viele fahren noch viel schneller und denen geschieht nichts. Wie konnte es nur zu dem Unfall kommen? Das haben wir uns so oft gefragt. Gab es eine kleine Unachtsamkeit? Hast du vielleicht am Radio einen Sender gesucht? Warst du in Gedanken wieder einmal woanders? Du warst oft sehr zerstreut. Warum hast du nicht gesehen, dass dir ein Lkw entgegenkommt? So viele Fragen bleiben offen. Und auch der Lkw-Fahrer weiß nicht, warum ihr zusammengeprallt seid. Aber auch wenn wir es genau wüssten, würden wir weiterfragen: Warum? Auch wenn wir die genaue Unfallursache kennen würden, würdest du nicht wiederkommen.

Hier an deinem Kreuz sehe ich auch wieder deine Beerdigung vor mir. Wie im Film laufen die Bilder vor meinen Augen ab. So viele Menschen, so viele Worte, so viele Blumen, so viele Kränze, so viele Tränen – alles um dich, alles für dich.
Martin, unserem Paulo ist sogar eine Träne über die Schnauze gelaufen. Ja, Paulo war auch bei deinem Abschied. Du weißt gar nicht, wie viel Überredungskunst es gekostet hat, dass Paulo bei deinem Begräbnis mit dabei sein durfte.

Hunde sind auf dem Friedhof verboten. Und erst recht dürfen sie nicht in die Trauerhalle, hat uns der Herr von der Friedhofsverwaltung mitgeteilt. Das würde die Pietät stören, die Ruhe der Toten.

Ich habe ihn dann gefragt, ob die Ruhe der Toten nicht gestört wird, wenn sie zur Einäscherung in ein weit entferntes Krematorium gefahren werden, nur weil der Bestatter dort eine höhere Provision bekommt. Wie viele Leichen werden jährlich ins benachbarte Ausland gekarrt! Dieser *Leichentourismus* ist pietätlos. Doch das scheint niemanden zu stören. Auf jeden Fall konnte ich den Friedhofsaufseher nicht umstimmen. Er habe schließlich seine Vorschriften und an die habe er sich strikt zu halten.

Daraufhin habe ich dann versucht, seinem Vorgesetzten klar zu machen, dass Paulo zu unserer Familie gehört und der Hund daher ein Angehöriger ist. Weiter habe ich ihm gesagt, dass du eine ganz enge Beziehung zu Paulo hattest und er dich so gerne gehabt hat. Du hast ihm beim Metzger oft seine Lieblingsknochen geholt und bist immer wieder stundenlang mit ihm durch den Wald spazieren gelaufen.

Vielleicht hat dieser gute Mann selbst einen Hund, dass er so viel Verständnis hatte. Oder ich habe ihm leid getan. Vielleicht wollte er mich auch nur loswerden. Wie auch immer: Paulo durfte bei deinem Abschied dabei sein, vorausgesetzt, dass er sich ruhig verhalte und die Trauerfeier nicht störe. Das habe ich ihm in die Hand versprochen. Paulo war auch sehr ruhig. Nur als der Sarg hereingefahren wurde, hat er ein paar Mal gejault. Nach der Trauerfeier ist Paulo als Erster hinter deinem Sarg hergelaufen. Das hättest du sehen sollen! Paulo hatte einen schwarzen Seidenschal um den Hals. Er hat auch Trauer getragen und ganz traurig geschaut. Er hat wohl gespürt, dass er dich auf deinem letzten Weg begleitet und dich gehen lassen muss.

Jetzt, da ich hier an deinem Kreuz stehe, muss ich dir etwas gestehen. Etwas, was ich selbst eigentlich nicht verstehe. Aber vielleicht verstehst du mich. Als du mit deinen 27 Jahren hier an dieser Stelle auf der Strecke geblieben bist, hat mich das mitten ins Herz getroffen. Ich kann dir gar nicht sagen, wie weh mir dein plötzlicher Tod getan hat. Du weißt nicht, wie schwer es mir gefallen ist, hinter deinem Sarg herzugehen und dir ins Grab zu schauen. Ich habe richtige Herzschmerzen gehabt. Meine Augen waren feucht, aber geweint habe ich nicht. Vielleicht sind meine Tränen nach innen gelaufen.
Auch beim Tod meiner Eltern habe ich nicht geweint. Nicht einmal bei der Beerdigung meiner Mutter, obwohl du weißt, dass ich sie über alles geliebt habe. Es war schön, eine Mutter zu haben, mit der ich über alles reden konnte. Ich hätte mir keine bessere Mutter vorstellen können. Sie hat uns Kindern die Freiheiten gegeben, die wir brauchten, um erwachsen zu werden. Wir konnten unsere Freunde mit nach Hause bringen. Und viele haben mir gesagt: So eine Mutter möchte ich auch haben. Als Kind habe ich in ihren Armen geweint, aber an ihrem Sarg ist mir keine einzige Träne gekommen.
An Vaters Grab habe ich auch nicht geweint, obwohl er mein großes Vorbild war. Gut, er war streng und hat mich manchmal hart bestraft. Aber eigentlich habe ich immer zu ihm aufgeschaut und wollte so werden wie er. Ich habe meinen Vater nie weinen sehen. Vielleicht habe auch ich geglaubt: Ein Mann

weint nicht. Auf jeden Fall habe ich meine Gefühle oft in mich hineingedrückt, sie einfach unterdrückt. Darum hast du mich auch nie weinen sehen. Als aber Paulo starb, da habe ich meinen Tränen freien Lauf gelassen. Es war wie ein Dammbruch. Paulo musste vor vier Wochen eingeschläfert werden, weil er einen Hirntumor hatte. Als ich ihn im Arm hielt, hat Paulo mich tieftraurig angeschaut. Mehr können Menschenaugen auch nicht sagen. Wie weh hat mir dieser Blick getan! Nach der Injektion ist er kurz zusammengezuckt und eingeschlafen. Und mir sind die Tränen hinuntergeströmt und habe hemmungslos geschluchzt, ich weiß nicht wie lange.

Martin, ich schäme mich meiner Tränen um Paulo nicht. Doch ich weiß auch, dass es schon merkwürdig ist, um einen Hund zu weinen, nicht aber um dich, meinen eigenen Sohn. Du wirst vielleicht sagen, dass Paulo mir auch viel besser gehorcht hat als du. Du hast tatsächlich oft nicht auf mich gehört. Du warst kein pflegeleichtes Kind und hast eine Zeit lang immer genau das Gegenteil von dem getan, was ich dir gesagt habe. Trotzdem glaube ich nicht, dass dies der Grund ist, warum meine Trauer um dich sich nicht in Tränen ausdrückt. Ich kann es auch nicht erklären, aber es ist so. Deine Mutter hat mir auch schon mehrmals vorgehalten: „Um dein Kind hast du nicht geweint, aber um deinen Hund." Dabei hat sie Paulo auch so gerne gehabt und ihm das teuerste Futter gegeben. Sie hat ihn unterm Kinn gekrault und gestreichelt. Paulo hat manchmal gar nicht aufgehört, deine Mutter abzulecken. Und nach deinem Tod hat Paulo auch sie getröstet und seine Gesellschaft hat ihr einfach gut getan.

Meine fehlenden Tränen über deinen Tod sind aber kein Zeichen mangelnder Liebe.

Ich habe dich anders geliebt als Paulo. Ich gebe zu, er war meine große Liebe. Es war Liebe auf den ersten Blick. Das gibt es nicht nur bei Menschen.
Als ich ihn sah, habe ich gleich gewusst: Das ist Paulo, dein Freund fürs Leben. Ich habe ihn als Welpen bekommen und aufgezogen. Von Tag zu Tag ist er mir mehr ans Herz gewachsen. Er hat mich so genommen, wie ich bin und auch wenn ich ihn einmal schlecht behandelt habe, hat er mir verziehen.
Martin, du kennst mich, und du weißt, dass ich ziemlich introvertiert, in mich selbst gekehrt bin. Lange Zeit habe ich mich gescheut, auf andere zuzugehen. Aber mit Paulo an der Leine bin ich wie von selbst mit meinen Mitmenschen ins Gespräch gekommen.
Gesprächsstoff gibt es unter Hundefreunden mehr als genug: Das Alter, die Familie, die Rasse, das Fell des Hundes. Manche reden sich ihren Kummer von der Seele, andere erzählen dir in fünf Minuten ihr ganzes Leben. Du weißt selbst, was man so nebenbei alles erfährt, wenn man mit dem Hund unterwegs ist. Paulo hat mich mit vielen Menschen ins Gespräch gebracht, an denen ich sonst vorbeigegangen wäre, ohne sie auch nur zu grüßen. Durch Paulo habe ich mit Männern und Frauen gesprochen, die mich normalerweise nicht im Geringsten interessieren. Ich habe sogar mit Bettlern auf der Straße Gespräche geführt. Ohne Paulo hätte ich sie nicht einmal angeschaut. Wenn du bei einem Bettler stehst, dann siehst du erst, wie viele Leute an so einem vorbeilaufen, ohne ihm auch nur einen Blick zu gönnen. Manche schauen den armen Schlucker schon an, aber wie! Und dann die abfälligen Bemerkungen von Passanten, die überhaupt keine Ahnung haben, warum dieser Mensch da am Rande sitzt und bettelt. Sie möchten es auch nicht wissen.

Aber ich brauche nichts zu sagen. Ich bin früher genauso an Bettlern vorbeigelaufen. Erst Paulo hat mich zu ihnen geführt. Durch die Menschen auf der Straße habe ich einen anderen Blickwinkel auf vieles bekommen. Mir sind die Augen aufgegangen. Plötzlich habe ich gemerkt, dass ich alles habe, wovon andere nur träumen können. Auch dafür bin ich Paulo dankbar. Ich übertreibe nicht, wenn ich dir sage, dass ich durch Paulo ein anderer Mensch geworden bin. Paulo hat mich immer wieder aus dem Haus geführt, bei Wind und Wetter. Durch ihn bin ich auch aus mir selbst herausgekommen, aus meinem Ich. Durch Paulo bin ich einfach offener geworden. Ihm habe ich auch zu verdanken, dass ich den Wald erst richtig kennen gelernt habe. Auf unseren Spaziergängen hat er mir die Augen geöffnet für all das Schöne, das mir sonst verborgen geblieben wäre.
Paulo war ein Stück von mir. Und dieses Stück fehlt mir, und dieses Fehlen schmerzt sehr. Ich hoffe, dass du das verstehst. Ich wollte mich nicht rechtfertigen, auch wenn es bei dir vielleicht so ankommt. Aber jetzt habe ich dir endlich gesagt, was ich dir schon lange sagen wollte. Hoffentlich nimmst du es mir nicht übel, dass ich um dich nicht so getrauert habe wie um Paulo.

Nun steige ich wieder in mein Auto ein und fahre anschließend bei deiner Ute und Agnes vorbei. Deine jetzt siebenjährige Tochter ist ein kluges Köpfchen. Weißt du, was sie mir kürzlich sagte: „Opa, wenn man tot ist, weiß man doch gar nicht, dass man tot ist.“?!

Niemand kann dich ersetzen

„Das Leben ist wie eine Schachtel Pralinen, du weißt nie, was drin ist“. Mit diesen Worten aus dem Film *Forrest Gump* hat der Pfarrer die Ansprache bei deiner Trauerfeier begonnen. Ja, Willy, da hättest auch du geschmunzelt, du, der so gerne Pralinen genascht hat. Nun es stimmt schon, dass man nie weiß, was im Leben auf einen zukommt. Das ist auch besser so, denn wenn wir bei der Geburt schon gewusst hätten, was in unserer Schachtel alles enthalten sein wird, hätten wir wohl noch lauter geschrieen, noch heftiger protestiert: Nein, ich spiele nicht mit! Ich will zurück! Aber es gab kein Zurück. Wir mussten mitspielen, und es dauerte nicht lange, da wussten wir, dass es im Leben oft gar nicht pralinensüß zugeht. Es gibt auch viel Saures. Das weißt du noch besser als ich. Dein Leben war kein Pralinenessen. In deiner Schachtel gab es viele saure Kirschen. Die hatten keine Creme, keine Sahne. Der Pfarrer hat uns gesagt, dass Sauerkirschen normalerweise einen höheren Zuckergehalt haben als Süßkirschen, trotzdem sind sie durch den höheren Säureanteil sauer im Geschmack. Das Saure wirkt oftmals stärker als das Süße. Sauerkirschen haben einen harten Stein. An manchen hattest du dein Leben lang zu beißen.

Du warst erst fünf, als deine Mutter starb. Das war ein ganz tiefer Einschnitt in deinem Leben. Kurze Zeit später hast du eine Stiefmutter bekommen, die dich nicht gemocht hat. Und als sie dann zwei eigene Kinder hatte, ging es dir noch schlechter. Du warst in der Familie das fünfte Rad am Wagen und wurdest nur geduldet. Die Wunde des ungeliebten Kindes hast du dein Leben lang in dir getragen. Ob du deshalb so einen unstillbaren Liebeshunger hattest? Auf jeden Fall war deine Lust auf etwas Süßes nicht normal. Wie viele Schachteln Pralinen, wie viele Tafeln Schokolade hast du verschlungen? Von den Unmengen Zucker im Kaffee gar nicht zu reden.

„Meine Süße“, hast du mich immer genannt. Dabei hast du gewusst, Willy, dass ich ganz schön sauer sein kann und nicht nur Schokoladenseiten an mir habe. Aber du hast auch bittere Schokolade gemocht. Ja, du hattest schon einen besonderen Geschmack. Sonst hättest du mich nicht so gerne gehabt. Wir beide waren ein richtiges Paar. Wir haben Süßes und Saures miteinander geteilt. Zusammen sind wir durch dick und dünn gegangen. Wir wussten, was wir aneinander haben. Du warst sehr verständnisvoll, konntest mit anderen gut mitfühlen. Die sauren Kirschen deines Lebens haben dich sensibilisiert für das Leid deiner Mitmenschen. Intuitiv hast du gespürt, was andere brauchen. Du warst ein sehr feinfühliger Mensch.

Als ich dich zum ersten Mal sah, habe ich gleich gewusst: Du bist es. Ja, es war Liebe auf den ersten Blick. Ich habe auf den allerersten Blick erkannt, welch wertvoller Mensch du bist, wie viele Schätze in dir verborgen sind. Du warst mein Schatz!

Was ich besonders an dir geschätzt habe, Willy, war deine Bescheidenheit. Du hattest mit wenig genug und warst immer zufrieden. Ich habe dich nie meckern hören. Du hast nicht einmal geklagt, als dir am 25. November das Todesurteil eröffnet wurde: Knochenkrebs, inoperabel. Ich war damals aufgebracht und wollte unseren Hausarzt verklagen, denn der hatte deine Schmerzen im Rücken lange Zeit gar nicht ernst genommen und dir nur ein paar Spritzen gegeben. Das war alles. Wenn der Arzt

dich rechtzeitig an einen Facharzt überwiesen hätte, wärst du heute vielleicht noch am Leben. Doch nun war alles zu spät. Du hattest im ganzen Körper schon Metastasen. Mit der Zeit bist du immer schwächer geworden. Und auch das Sprechen ist dir zunehmend schwer gefallen. Aber es bedarf nicht immer Worte, um etwas zu sagen. Wir haben uns wortlos verstanden. Wir brauchten uns nur anzuschauen, und schon wussten wir, was der andere sagen will. Manchmal saß ich nur stillschweigend an deinem Bett und habe dir die Hand gehalten. Mit meiner streichelnden Hand habe ich dir gesagt: Du, ich lasse dich nicht allein, ich bin bei dir. Manchmal konntest du keine Nähe ertragen und hast die Hand zurückgezogen, dich ganz in dich zurückgezogen.
Ich habe deine Krankheit mitgetragen, so gut ich konnte. Aber mit der Zeit fehlte mir die nötige Kraft. Ich war mit den Nerven am Ende. Willy, weißt du noch, wie ich dich angeschrieen habe, als du das Glas Saft hast fallen lassen? Das tut mir heute noch leid. Denn du konntest doch nichts dafür. Du warst zu schwach, es zu halten. Ganz verdutzt hast du mich angeschaut und gesagt: „Wie du mit mir schimpfst!“ Leider kann ich nichts mehr rückgängig machen. Was ich bedauere, ist nicht einmal so sehr, was ich getan habe, sondern was ich nicht getan habe. Ich hätte dir viel mehr Zuwendung und Liebe geben sollen, statt manchmal so schroff zu dir zu sein. Warum habe ich dir nicht öfter einmal eine Schachtel deiner Lieblingspralinen geschenkt? Die Versäumnisse nie wiedergutmachen zu können, das tut weh.
Willy, so gerne hätte ich dich bis zuletzt zu Hause behalten, aber ich war überfordert, der Lage nicht gewachsen. Darum war ich so froh, dass im Hospiz ein Platz für dich frei war. Dort wurdest du bestens versorgt und liebevoll umsorgt. Jeder Wunsch wurde dir erfüllt. Im Hospiz hatten wir noch so manche schöne Stun-

de. Zum Beispiel an deinem Geburtstag. Obwohl wir wussten, dass es der letzte war, haben wir doch noch gelacht. Eigentlich wollten wir das Thema Tod von unserem Enkel Simon fernhalten, aber irgendwie hat er schon kapiert, warum du im Hospiz bist. Und weißt du noch, was er dir gesagt hat: „So einer wie du, Opa, stirbt nicht. Den muss man erschießen."

Ja, für unseren Simon bist du, der Polizist, auch nach deinem Tod immer noch unsterblich. Gestern fragte er mich, ob du im Himmel auch noch Gangster jagst. Ich habe ihm geantwortet, dass es im Himmel keine Gangster gibt. – „Bist du dir denn da so sicher?", entgegnete er mir. Als ich ihm sagte, dass im Himmel alles anders sei als auf Erden, wollte er wissen: „Kann der Opa denn im Himmel noch mit beiden Ohren wackeln?" Du Willy, du kannst froh sein, dass du die *himmlischen* Fragen deines Enkels nicht beantworten musst.

Willy, ich muss oft noch an deine Worte denken: „So schwer wird Sterben schon nicht sein. Bisher haben es alle geschafft." Ja, auch du hast es hinter dich gebracht. Du warst zunächst sehr, sehr unruhig, hast immer mit deiner linken Hand herumgemacht. Dabei habe ich gar nicht verstanden, was du eigentlich wolltest. Ich war so froh, dass unsere Ellen bei dir war. Sie hat dir gut zugeredet und beruhigend auf dich eingesprochen: „Papa, es ist doch alles gut!", hat sie gesagt. „Lass ruhig los. Es ist alles gut, Papa." Und mit der Zeit bist du tatsächlich ruhiger geworden. Du hast beide Hände auf die Decke gelegt, deine wunderschönen Hände. Du hast sehr gleichmäßig geatmet und allmählich bist du eingedämmert. Du hast gar nicht mitbekommen, wie du hinübergegangen bist.

Nachdem du gestorben warst, haben Ellen und ich geholfen dich herzurichten. Ich habe dir die Augen zugedrückt. Deine Augen, die vor 58 Jahren das Licht der Welt erblickt hatten.

Deine Augen, die mir soviel Aufmerksamkeit geschenkt haben. Dir die Augen zu schließen, das hat mich tief berührt.
Und als wir dich gewaschen und deine Lieblingskleider angezogen hatten, habe ich dir den VfB-Schal umgelegt. Du, das hättest du sehen sollen! Dein VfB ist dieses Jahr Deutscher Meister geworden. Schade, dass du das nicht mehr miterleben konntest. Da war was los! Als eingefleischter VfB-Fan wäre es dir wohl am liebsten gewesen, wenn man deine Asche auf den Rasen deines geliebten Daimler-Stadions gestreut hätte.
Willy, wie wir dich so einkleideten, musste ich an meine Mutter denken: Sie hatte schon ein Jahr vor ihrem Tod alles für die Beerdigung vorbereitet. Ihr grünes Kostüm hing auf dem Bügel. Und daran mit einer Klammer eine Plastiktasche mit der Unterwäsche. Ja, und jetzt liegst du da unten, 1,80 Meter tief unter der Erde. Das Schlimmste bei der Beerdigung war für mich nicht der Augenblick, als dein Sarg heruntergelassen wurde. Nein, das Schlimmste war, das Kreuz zu sehen mit deinem Namen und den Daten: 1949–2007. Dieses Kreuz macht deinen Tod so endgültig. Da steht es schwarz auf weiß sozusagen.
Um mit dir zu reden, brauche ich nicht an dein Grab zu gehen. Ich habe im Wohnzimmer einen kleinen Altar aufgebaut mit deinem Bild und einer Kerze. Da spreche ich mit dir, so wie ich es immer getan habe. Manchmal entzünde ich die Kerze und beobachte ihr Schattenspiel auf deinem Gesicht. Es gibt Tage, da brennt die Kerze still vor sich hin. Zwischendurch gehe ich immer wieder kurz zu deinem Bild und streichele dich ein wenig. Manchmal setze ich mich hin und höre ich die Musik, die du gerne gemocht hast. Dann bist du mir ganz nahe. Nein, die Verbindung zwischen uns beiden ist mit dem Tod nicht abgerissen. Sie ist immer noch lebendig.

Am Anfang bin ich öfters wütend vor deinem Bild gestanden und habe gesagt: „Du lachst, ja, du hast gut lachen. Warum hast du mich nicht mitgenommen? Warum hast du mich allein zurückgelassen?" Die ersten Monate war es besonders schlimm, morgens ohne dich neben mir aufzuwachen. Beim Essen alleine am Tisch zu sitzen, fällt mir immer noch schwer. Dein Platz ist leer. Trotzdem geht es mir oft auch gut, erstaunlich gut. Es ist nicht so, dass ich immer am Trauern bin. Im Gegenteil. Du warst noch keine Woche tot, da habe ich abends im Fernsehen die Komödie „Vier Hochzeiten und ein Todesfall" angeschaut. Das war lustig. Ich habe so gelacht, dass ich ein schlechtes Gewissen bekommen habe. Kaum liegst du im Grab, und schon lache ich wieder. Und wie ich gelacht habe! Ja, ich schäme mich fast. Aber du hast auch nichts davon, wenn ich in Trauer versinke. Und das hättest du auch nicht gewollt. Du hast auch nichts davon, wenn ich jammere, dass ich mit 55 Jahren schon Witwe bin. Sicher ist das eine besonders saure Kirsche, aber nach und nach werde ich sie verdauen.

Hin und wieder stelle ich dein silbergerahmtes Bild so, dass du mich anschaust. Du sprichst mich an: „Du, meine Süße ..." Manchmal höre ich, wie du mich lobst: „Du machst das alles schon ganz gut!" Dabei habe ich manchmal selbst Zweifel, ob es richtig ist, was ich tue. Dir kann ich es ja sagen. Ich habe jemanden kennen gelernt – auf dem Friedhof, jawohl, auf dem Friedhof! Ironie des Schicksals, höre ich dich schon sagen. Er ist Witwer und legt immer samstags eine Rose auf das Grab seiner verstorbenen Frau. Sie ist schon seit fünf Jahren tot. Sie hatte Brustkrebs. Wir beide haben uns schon ein paar Mal getroffen. Wir gehen hin und wieder zusammen Kaffee trinken, manchmal ins Theater. Beide reden wir viel über unsere verstorbenen Partner, aber auch über vieles andere. Er ist Frührentner und

heißt Werner. Natürlich vergleiche ich ihn mit dir, und er mich sicher mit seiner Frau. Das macht es nicht einfach.
Ellen findet es noch zu früh für eine neue Bekanntschaft. Schließlich seiest du erst vor einem halben Jahr gestorben. Unser Peter dagegen freut sich, wenn es ein neues Glück für mich gäbe. Ich weiß nicht, ob du das verstehst, aber ich habe dir gegenüber keine Schuldgefühle. Denn das, was du für mich warst, bist du immer noch. Was du mir bedeutet hast, bleibt bestehen. Eine andere Beziehung wird meine Gefühle für dich nicht schmälern. Niemand kann dich ersetzen. Kein Werner auf der Welt kann deinen Platz in meinem Herzen einnehmen, Willy. Aber dein Leben ist zu Ende, und ich muss meinen Weg ohne dich weitergehen. Ich kann nicht nur zurückschauen, ich muss nach vorne blicken, um voranzukommen.
Übrigens: Werner hat auch zwei Kinder und vier Enkel. Und er geht auch gerne wandern – so wie du. Ja, es gibt so manche Gemeinsamkeit. Es kann sein, dass wir in September für ein paar Tage zusammen nach Südtirol fahren. Ich hoffe, du hast nichts dagegen einzuwenden. Du hast mir mehrmals gesagt: „Wenn ich nicht mehr bin, dann suchst du dir einen anderen." Ich suche nicht, aber ich bin offen für Neues.
Willy, Witwe und Witwer, das ist schon eine eigenartige Beziehung. Beide haben den schweren Rucksack der Trauer zu tragen, aber das Miteinander macht ihn leichter. Ich bin selber auch gespannt, wie es weitergeht. Mal sehen, was in meiner Pralinenschachtel noch drin ist!
Willy, heute habe ich dir viel erzählt. Jetzt lege ich noch ein wenig Musik auf. Hörst du mit? Und ich träume noch ein wenig: Kommst du mit?